LES GRECS

Texte original de Loverance et Wood
Adaptation française de Michèle Grinstin

GRÜND

Remerciements

Les éditeurs tiennent à remercier Bill Le Fever qui a illustré les pages transparentes et la jaquette ; ils remercient également les organismes qui leur ont permis de reproduire les illustrations suivantes :

Ronald Sheridan/Ancient Art and Architecture Collection 4, 6, 10, 21 (en haut à gauche), 34 (en haut à gauche), 40 (en haut à gauche, en bas à gauche), 42, 45
Ashmolean Museum 21 (en bas à gauche)
Bibliothèque Nationale 30 (en haut à gauche)
British Museum 7 (en bas à droite), 8, 11 (en haut à droite), 12 (en haut à gauche), 14, 16 (en haut à gauche et en bas à gauche), 17, 20, 26, 28 (en bas à droite), 30 (en bas à gauche), 39
CM Dixon 7 (en haut à droite), 10, 18, 19, 27 (en haut à droite), 28 (en haut à droite), 32, 35, 36 (en bas à gauche), 44
Sonia Halliday 21 (en haut à droite)
Michael Holford 11 (en bas à droite), 12 (en haut à droite), 31, 34 (en bas à gauche)
Metropolitan Museum of Art 15
Musée national, Athènes 27 (en bas à droite)
Staatliche Museum 36 (en haut à droite)

Illustrations :
Nigel Longden : 4, 8, 10-11, 12, 13, 14, 15, 19 (en bas à droite), 22, 23, 26, 27, 32
Bill Le Fever : 6-7, 17, 20-21, 22 (en haut à gauche et à droite), 24, 25, 33, 36 (en haut à gauche), 37, 41
Philip Hood : 31, 34-35, 38-39, 43
Finbarr O'Connor : 18, 19 (en haut à gauche), 28-29, 42
Kevin Maddison : 5, 9, 44
Richard Hook : 46-47

Adaptation française de **Michèle Grinstin**
Texte original de **Loverance** et **Wood**

Première édition française 1993 par Librairie Gründ, Paris

ISBN : 2-7000-5052-5
Dépôt légal : août 1993
Édition originale 1992 par Hamlyn Children's Books, part of Reed International Books
sous le titre original *Ancient Greece*

Photocomposition : P.F.C., Dole
Imprimé en Belgique
Loi n° 49-956 du 16 juillet 1949 sur les publications destinées à la jeunesse

SOMMAIRE

LES ORIGINES DE LA GRÈCE

Qui étaient les Grecs ? D'où venaient-ils ? Quand sont-ils apparus dans l'Histoire ? Pour répondre à ces questions, nous remonterons aussi loin dans le temps que nous le permettent nos connaissances actuelles. Néanmoins, la période couverte par le terme « Grèce antique » concerne un temps historique très large. C'est pourquoi, c'est de « l'époque classique » de la Grèce, 500 à 336 av. J.-C. environ, dont il sera surtout question dans cet ouvrage. Cette période marque le point culminant du développement des cités grecques, tant sur le plan politique que culturel et artistique.

LA GRÈCE AVANT LES GRECS

La découverte récente d'un crâne, datant de 25000 av. J.-C. environ, dans une grotte du nord du pays, confirme que la péninsule grecque fut habitée dès l'âge de pierre. Au cours des milliers d'années qui suivirent, les habitants apprirent à domestiquer les animaux, cultiver la terre, modeler l'argile, et travailler le bronze pour fabriquer armes et outils.

Cette figurine en marbre tenant une tasse est originaire des Cyclades, îles grecques de la mer Égée. Elle date de plus de 4000 ans, et est tenue pour l'un des tout premiers chefs-d'œuvre de l'art grec.

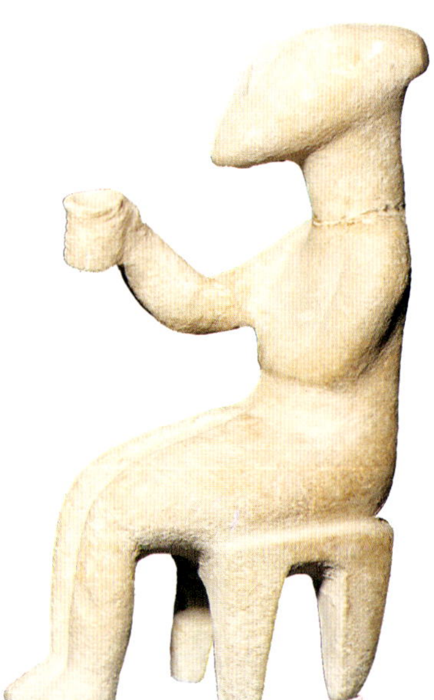

UNE CIVILISATION DISPARUE

C'est la Crète, la plus grande île grecque, qui constitua, depuis environ l'an 3000 av. J.-C., et pendant plus de quinze siècles, le centre du monde grec. Ses habitants, les Minoens, doivent leur nom à leur roi légendaire, Minos, qui habitait un somptueux palais, à Cnossos. Ce palais était une ville en miniature, composée de nombreuses maisons confortablement installées, aux murs richement décorés et dotées de systèmes d'évacuation des eaux très sophistiqués pour l'époque. Les Minoens semblaient mener une vie plutôt agréable.

Bien plus tard, une légende courut au sujet d'une île, l'Atlantide, qui aurait disparu sous la mer. Certains pensent aujourd'hui que cette légende fait référence à l'explosion du volcan de l'île de Santorin (Thera) dont les conséquences auraient provoqué, aux alentours de 1450 av. J.-C., la destruction de la civilisation minoenne.

LES PREMIERS PEUPLES DE LANGUE GRECQUE

Autour de l'an 2000 av. J.-C., de nouvelles populations, issues d'Europe centrale, vinrent s'installer en Grèce. Nos connaissances actuelles nous permettent d'affirmer que ces peuples, les Achéens, parlaient une forme ancienne du grec. Néanmoins, pour écrire, ils utilisaient des pictogrammes à la manière des anciens Égyptiens.

Parmi les Achéens, les habitants de Mycènes, une ville de Grèce continentale, dominèrent toutes les terres autour de la mer Égée jusque vers 1100 av. J.-C. Puis leur influence commença à décliner, probablement en raison de l'invasion des Doriens, un peuple venu du nord parlant également une langue grecque. Il est aussi possible que le déclin des Mycéniens ait été causé par des difficultés économiques du fait de mauvaises récoltes successives. Quelles qu'en aient été les raisons, après leur disparition s'ouvrit, pour la Grèce, une période obscure de 400 ans, appelée « Âges Sombres », dont nous ne savons presque rien.

Parmi les nombreux palais construits par les Minoens, le plus vaste et le plus imposant d'entre eux se trouvait à Cnossos. D'une hauteur de cinq étages, il ne comptait pas moins de 1300 pièces.

LÉGENDES DU PASSÉ

Néanmoins, au cours de cette période, les Grecs commencèrent à écrire avec les lettres d'un alphabet, emprunté aux Phéniciens, et non plus avec des pictogrammes. Les contes et les histoires des temps anciens purent être transcrits par écrit, comme dans *l'Iliade* et *l'Odyssée*, deux longs poèmes épiques écrits par Homère et que les Grecs récitaient entièrement de mémoire.

L'APPARITION DES HELLÈNES

Quand la Grèce émergea des Âges Sombres, aucune cité ne possédait la prépondérance sur les autres, comme cela avait été le cas autrefois pour la Crète ou Mycènes. Chaque région ou cité était indépendante. Mais tous les Hellènes avaient le sentiment d'appartenir à un seul peuple, sur une seule terre, l'Hellade. Ces noms anciens ont encore cours aujourd'hui, et côtoient les noms « Grèce » et « Grec », donnés plus tardivement aux Hellènes par les Romains. Être Hellène, c'était « être de même souche et parler la même langue », et, pour l'historien de la Grèce antique, Hérodote, « vénérer les mêmes dieux et observer les mêmes coutumes ».

La Grèce est très montagneuse. Les premières implantations humaines eurent lieu dans les régions fertiles. L'hostilité du relief facilita l'expansion du transport maritime, ce qui permit aux Grecs de sillonner la Méditerranée orientale.

LA TERRE GRECQUE

Cette pierre sacrée dénommée Omphalos se trouve à Delphes. Elle était censée désigner le lieu géographique considéré comme le centre du monde.

Le climat de la Grèce est chaud et sec pendant une bonne partie de l'année, avec des hivers rudes. Les Grecs des temps anciens devaient travailler très dur pour pouvoir vivre des revenus de la terre.

LE RELIEF

La Grèce est un pays très montagneux. Les forêts qui le couvraient autrefois ont peu à peu disparu pour laisser place à des installations humaines. Une fois les arbres coupés, la terre fertile, non protégée, fut emportée par les vents et les eaux de pluie.

Les plaines n'étaient pas assez vastes pour accueillir des groupes importants de population. Chaque parcelle de terre était cultivée, de sorte que les habitants ne pouvaient posséder que très peu de bétail. Certains paysans avaient agrandi leurs exploitations en s'installant sur les versants des collines où ils pratiquaient la culture en terrasse. L'apiculture était également très développée car le miel était le seul aliment sucré connu à cette époque.

*« Ce qu'il nous reste aujourd'hui (...)
ressemble à un corps décharné et malade.
La terre riche et fertile
n'est plus qu'un souvenir.
De ce pays, on ne nous a légué
que le squelette efflanqué et les montagnes
qui n'abritent rien d'autre que des abeilles. »*

Platon

UN PEUPLE COURAGEUX

Le sol de la Grèce recelait de nombreuses richesses naturelles : du marbre fin pour l'architecture, une bonne terre d'argile pour la poterie, des minerais comme l'argent et le fer qui firent la prospérité respective d'Athènes et de Sparte, villes où on exploitait ces métaux. La plupart des Grecs menaient une vie difficile, ce qui avait développé chez eux une combativité et un courage peu communs.

En raison des barrières naturelles formées par les montagnes, les différentes communautés qui s'étaient installées dans le pays vivaient très isolées les unes des autres. C'est pourquoi, chaque communauté, appelée aujourd'hui cité-État malgré son aspect de petite ville, possédait un sens très aigu de son indépendance. L'histoire de la Grèce est jalonnée d'événements résultant des profondes rivalités qui opposaient les cités entre elles, notamment Athènes et Sparte.

Le sanctuaire de Delphes, considéré comme le lieu le plus sacré en Grèce, fut construit sur un versant montagneux au pied des falaises du mont Parnasse. Les pèlerins s'y rendaient pour consulter l'oracle du temple d'Apollon afin de recevoir des conseils pour l'avenir. Ils allaient en procession devant le grand autel, offraient au dieu des sacrifices et récitaient des prières avant de pénétrer dans le sanctuaire.

DES DÉFENSES NATURELLES

Les voyageurs d'aujourd'hui n'ont aucune peine à traverser les montagnes grecques, en empruntant des routes étroites et sinueuses aux virages serrés. Il n'en était pas de même dans l'Antiquité où l'on se déplaçait essentiellement à pied. Les montagnes, en tant que défenses naturelles, ont souvent joué un rôle crucial dans l'histoire, mais parfois aux dépens du peuple grec. Par exemple, lors de la bataille des Thermopyles en 480 av. J.-C. (voir pages 42 et 43), les Perses emportèrent la victoire, car ils réussirent à découvrir de nouveaux passages dans la montagne que les Grecs croyaient connus d'eux seuls.

UN PAYSAGE FAIT POUR LES DIEUX

Les Grecs, fiers de leur pays, croyaient que les dieux demeuraient sur le sommet de leur plus haute montagne, l'Olympe (2 917 mètres), et leur avaient construit des temples sur des sites choisis tout particulièrement pour leur beauté naturelle. De nombreuses divinités étaient associées aux éléments de la nature : les arbres et les rivières, la vigne, les vents possédaient leurs propres dieux. Zeus, le dieu des dieux, était supposé détenir deux armes redoutables, la foudre et les éclairs.

TÉMOIGNAGE DU PASSÉ

Mis à part les grandes villes comme Athènes, le paysage grec ne s'est pas beaucoup transformé à travers les siècles. Il nous est assez facile d'imaginer, à partir de ce qu'il est aujourd'hui, à quoi il pouvait ressembler dans l'Antiquité. De nos jours, nombre de sites ont été fouillés par les archéologues et nous connaissons mieux la faune et la flore de cette époque, grâce à l'étude des ossements anciens et des échantillons de pollen.

Cette statue en bronze, datée de 500 av. J.-C., représente Zeus, dieu du ciel et père de toutes les divinités, se préparant à lancer la foudre contre les mortels en signe de mécontentement.

Cette amphore, datée d'environ 520 av. J.-C., dépeint un groupe de paysans procédant à la cueillette des olives au moyen de longs bâtons qui leur servent de gaule. L'huile sortait de pressoirs faits de lourdes pierres.

LES GRECS ET LA MER

Poséidon, frère de Zeus, est à la fois dieu de la mer et des chevaux. L'animal mythique, mi-cheval et mi-créature aquatique que conduit le dieu, témoigne de ce double caractère.

Le territoire grec se compose d'une multitude d'îles et de péninsules. De ce fait, les bateaux ont toujours joué un rôle capital dans le transport des hommes et des marchandises. Pour se rendre d'un point à un autre, il était souvent plus facile de se déplacer par voie de mer que de franchir les montagnes.

« COMME DES GRENOUILLES AUTOUR D'UN ÉTANG »

Déjà pendant les Âges Sombres, les Grecs s'étaient aventurés hors des limites de l'Hellade et s'étaient mis à sillonner la Méditerranée, à la recherche de nouvelles richesses. Ils avaient navigué vers l'est jusqu'à la rive occidentale de l'Asie Mineure, aujourd'hui en Turquie, et jusqu'aux confins de la mer Noire, au nord. Ils avaient gagné, au sud, la côte libyenne et vogué vers l'ouest en direction de ce qui est aujourd'hui l'Italie, le sud de la France et l'Espagne.

De nouvelles villes avaient vu le jour, comme Naples, Nice, Monaco et Marseille, fondées par ces anciens voyageurs grecs. Ces villes, véritables cités-États indépendantes gardaient toutefois d'étroites relations avec leur cité d'origine. C'est ainsi que les idées et le mode de vie grecs avaient commencé à se propager tout autour du bassin méditerranéen. Du peuple grec, le philosophe Platon disait qu'il vivait sur les bords de la Méditerranée « comme des grenouilles autour d'un étang ».

Le commerce maritime était vital pour Athènes. Des navires chargés d'huile d'olive et d'argent quittaient Le Pirée pour les ports de la Méditerranée, d'où ils revenaient avec du blé, du cuivre, du fer, de la poix, du bois de construction et des esclaves.

Cette statue en bronze, datée de 520 av. J.-C., environ, représente un jeune garçon chevauchant un dauphin. Pieuvres, coquillages et dauphins ont fréquemment inspiré l'art grec.

LES HÉROS MARINS

La mer, thème constant des contes et légendes grecs, sert de cadre principal à *l'Odyssée* d'Homère. Dans ce poème épique, Ulysse lutte désespérément contre les éléments marins pour retourner chez lui, dans l'île d'Ithaque, après la guerre de Troie. D'autres histoires retracent les aventures des héros grecs et les risques qu'ils ont encourus sur les mers en quittant leur terre natale. L'histoire de Jason et des Argonautes raconte le voyage du héros jusqu'aux rives de la mer Noire pour s'emparer de la Toison d'or d'un bélier fabuleux.

LE TRAFIC MARITIME

Le commerce maritime prit un essor de plus en plus grand, avec l'importation des denrées qu'on ne pouvait trouver en Grèce. Quelques cités antiques purent ainsi vivre des bénéfices de leurs ressources : Athènes importait des épices d'Égypte et du blé de la mer Noire en échange de ses olives et de son vin. C'est également à cette époque que le commerce des esclaves se généralisa.

Les influences culturelles entre les pays, du fait de l'accroissement des échanges, se multiplièrent. Ces contacts avec d'autres peuples enrichirent, en retour, la culture grecque. C'est ainsi que les Hellènes adoptèrent l'alphabet phénicien, surent tirer parti des mathématiques babyloniennes hautement avancées et s'inspirèrent du raffinement de la sculpture égyptienne.

LES DIVINITÉS MARINES

Dans l'esprit des Grecs, la mer a toujours occupé une place de choix. Domaine familier, fourmillant de poissons et de dauphins espiègles, la mer pouvait se transformer aussi en un royaume inquiétant et insondable, repaire de monstres et de divinités effrayants. Ce double caractère était incarné en particulier par le dieu Nérée qui apparaissait tantôt sous une forme humaine, tantôt sous l'aspect d'un serpent marin. Sur l'ensemble de cet univers merveilleux régnait Poséidon, qui faisait, dit-on, trembler la terre au passage de son char tiré par des chevaux.

UN TRÉSOR SOUS-MARIN

Des objets magnifiques ont été récemment découverts dans les mers grecques. Des statues en bronze aussi grandes que nature, certaines ayant conservé leurs yeux de corail, ont été dégagées et remontées à la surface. Des navires entiers naufragés ont révélé de véritables trésors, riches de centaines d'amphores, ces grandes cruches d'argile qui contenaient de l'huile ou du vin. Des milliers d'amandes récoltées probablement à Chypre vers 300 av. J. C., ont été trouvées sur le lieu d'un naufrage. L'archéologie sous-marine est devenue une discipline à part entière qui ne manquera pas de révéler, au fur et à mesure des découvertes, de nouveaux secrets du passé.

Des comptoirs grecs s'étaient installés sur les côtes de l'Europe, de l'Afrique du nord et de la mer Noire, entretenant des liens commerciaux étroits avec le reste du monde hellénique. Au cours des siècles, certains, comme Syracuse et Byzance, devinrent très puissants.

LE PEUPLE GREC

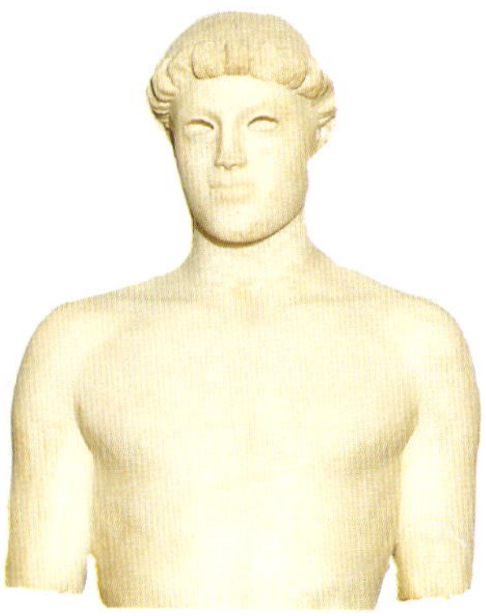

Les statues en marbre telle que celle-ci, sculptée vers 480 av. J.-C., ne représentaient pas des personnages réels mais ce que les artistes grecs considéraient comme des formes humaines parfaites.

À quoi ressemblaient les Grecs de l'Antiquité ? Les statues qui nous sont parvenues sont l'expression de la façon dont les artistes imaginaient la beauté idéale. En revanche, les figures peintes sur les vases paraissent plus conformes à la réalité d'alors. Les squelettes découverts lors des fouilles archéologiques renseignent aussi sur l'apparence physique des anciens Grecs : ils ressemblaient aux Grecs d'aujourd'hui, ils étaient le plus souvent de petite taille.

UNE LONGÉVITÉ IMPORTANTE

Les Grecs menaient une vie active, passant une bonne partie de leurs journées au grand air. C'est peut-être la raison pour laquelle ils vivaient souvent vieux. Parmi les Athéniens célèbres du Ve siècle av. J.-C., l'écrivain et soldat Xénophon mourut à l'âge de 75 ans, le philosophe Platon vers 80 ans, les auteurs de théâtre Eschyle, à 69 ans et Euripide vers 74 ans.

LE RÔLE DES FEMMES

D'après les sources historiques, seuls les hommes, considérés comme citoyens à part entière, étaient habilités à participer à la vie publique. Quant aux femmes, elles restaient à la maison, ne sortant que de temps en temps, pour se rendre notamment au théâtre. Dans la religion des Grecs, pourtant, les femmes pouvaient être ordonnées prêtresses, ce qui est aujourd'hui impossible dans la plupart des religions.

*Dans l'*agora *fourmillante et débordante de vie, résonnaient les conversations des paysans et des artisans, les voies des marchands vantant leurs produits, les marchandages des clients, les grognements des cochons et le gloussement des poules.*

Alors que les femmes ne jouaient qu'un rôle mineur dans la vie publique, nombre de pièces classiques les dépeignent comme des héroïnes extrêmement volontaires et intrépides : la reine Clytemnestre assassine son mari, Agamemnon, le roi de Mycènes, et Médée aide Jason et les Argonautes à s'emparer de la Toison d'or.

ÉTRANGERS OU INVITÉS

Les étrangers n'étaient pas non plus autorisés à prendre part à la vie publique. Pour la plupart, il s'agissait de Grecs qui avaient quitté leur cité d'origine en quête d'un emploi. À côté des 40 000 hommes « libres », c'est-à-dire des citoyens que comptait Athènes, résidaient 10 000 étrangers. Ces *métèques* menaient une vie relativement facile en raison de l'importance que revêtait – et revêt toujours d'ailleurs – l'hospitalité dans les mentalités grecques : le mot qui signifie « étranger » – *xenos* – est le même que celui qui signifie « invité ».

Sur cette poterie athénienne datée de 500 av. J.-C. environ, une femme remplit une cruche à une fontaine monumentale en forme de gargouille à tête de lion. Deux femmes s'en vont, les cruches pleines, tandis que deux autres approchent leurs cruches vides.

LE PRIX D'UN ESCLAVE

La plupart des sociétés anciennes pratiquaient l'esclavage. La Grèce ne faisait pas exception à la règle mais sans les excès souvent constatés ailleurs. Beaucoup de familles possédaient au moins un esclave, quelquefois plusieurs, qui travaillaient avec leurs maîtres, aidaient les fermiers aux champs, les artisans à l'établi et les femmes dans les tâches ménagères. Le prix d'un esclave variait selon son savoir-faire. À Athènes, il était en moyenne de 175 drachmes, l'équivalent de 7 000 francs actuels.

Dans l'ensemble, les esclaves ne semblaient pas trop mal traités. À Athènes, les esclaves scythes pouvaient même devenir gardes dans la ville, car ce métier était peu prisé des Athéniens eux-mêmes. De tristes exemples sont, malgré tout, à noter. Les esclaves qui travaillaient dans les mines d'argent et les carrières de pierre vivaient et travaillaient dans des conditions abominables, et ce dans l'indifférence de la population.

UNE VIE SANS LUXE

À Sparte, les citoyens qui ne représentaient qu'une faible partie de la population, passaient beaucoup de temps à faire des exercices physiques et à s'entraîner pour la guerre. Les hilotes, dont la situation était proche de celle des esclaves, cultivaient la terre. À certaines époques, ils étaient sept fois plus nombreux que les citoyens, ce qui augmentait les risques de rébellion.

Cette statue représente un esclave noir, encore enfant, nettoyant une botte. De nombreux esclaves naissaient en captivité. D'autres avaient été pris par des marchands qui suivaient les armées pour voler des prisonniers et les vendre comme esclaves.

LA FAMILLE

Des cruches de vin en miniature étaient offertes aux enfants à partir de trois ans, lors de la fête des Anthestéries qui se tenait chaque année, à Athènes notamment.

La famille constituait le ferment principal de la société grecque. Chacune, plus large que la famille moderne, faisait partie d'une communauté plus vaste, la phratrie, qui elle-même était membre d'une tribu.

LE CHEF DE FAMILLE

Le père détenait le rôle de chef de famille. Quand un enfant naissait, il devait être reconnu par son père. Si ce dernier le refusait, le nourrisson était abandonné dans la nature, condamné à mourir. Le père possédait aussi bien le droit de déshériter un fils que de choisir le futur époux de chacune de ses filles.

LE RÔLE D'UNE ÉPOUSE

La femme dépendait de son père jusqu'à son mariage, après quoi elle passait sous l'autorité de son mari. En tant qu'épouse, elle avait la charge de toutes les affaires domestiques. Elle était respectée si elle savait les conduire avec savoir-faire et efficacité. Certaines femmes, néanmoins, partageaient davantage de complicité avec leurs maris et pouvaient se trouver mêlées de plus près à leur vie sociale ou professionnelle. On raconte que Léonidas, roi de Sparte, reçut un jour une tablette couverte de cire sans message apparent. C'est sa femme, Gorgo, qui en découvrit le mystère. Le message avait été gravé avant d'être recouvert de cire afin que nul ne puisse le lire au cours de son transport.

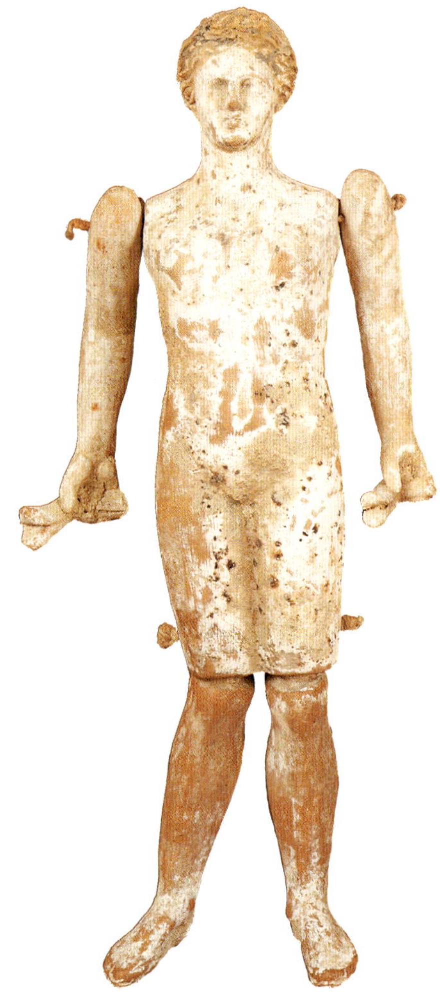

Cette poupée en terre cuite était, à l'origine, peinte de couleurs vives. Les articulations au niveau des épaules et des genoux sont en corde de sorte que les bras et les jambes sont mobiles.

La gymnastique, la danse, le chant et la récitation poétique se pratiquaient toujours au son d'instruments à cordes, ici, la lyre. Les caisses de résonance étaient taillées dans des carapaces de tortue.

LES ENFANTS

Dans les familles aisées, il n'était pas rare que les mères aient peu de contact direct avec leurs enfants, laissant aux esclaves le soin de s'en occuper. Grâce aux nombreux jouets de l'époque qui ont été retrouvés, parmi lesquels des poupées, des chevaux et des cerfs-volants, nous connaissons assez bien à quels jeux s'adonnaient les enfants. En outre, chaque année en février, à l'occasion de la fête des Anthestéries, les enfants, à Athènes, recevaient en cadeau des couronnes de fleurs et des petites cruches de vin.

L'ÉCOLE

Dans la cité athénienne, filles et garçons étaient éduqués différemment. Les filles recevaient un enseignement à domicile, tandis que les garçons devaient aller à l'école de 6 ans à 14 ans. La journée d'un écolier, très longue, commençait au lever du soleil pour s'achever au crépuscule. Les enfants, en outre, jouissaient de peu de vacances. Seules, les fêtes, assez nombreuses dans certaines cités, donnaient droit à des jours fériés (voir pages 30 et 31).

Les élèves apprenaient la lecture, l'écriture et quelques rudiments d'arithmétique. Pour la lecture, on puisait dans le patrimoine des œuvres des poètes épiques. De nombreux enfants et adolescents étaient capables de réciter par cœur *l'Iliade* et *l'Odyssée*, les grandes épopées d'Homère. C'était là un véritable exploit, car les deux œuvres totalisaient 26 000 vers.

L'éducation physique était tenue en haute estime et l'entraînement à la lutte représentait une part importante de la journée d'un écolier. L'apprentissage d'un instrument, comme la lyre ou la double flûte, était également indispensable à une bonne éducation. La musique, d'ailleurs, accompagnait la plupart des activités telles que l'éducation physique et la récitation.

SE DÉBROUILLER SEUL

À Sparte, dès l'âge de sept ans, garçons et filles devaient quitter la maison familiale pour vivre en collectivité et subir un entraînement physique intensif. On maintenait les jeunes affamés tout en les encourageant à voler pour se nourrir. S'ils étaient pris sur le fait, ils étaient battus, non pour avoir volé, mais pour s'être laissés prendre. L'histoire de l'enfant qui, ayant volé un renard, et l'ayant caché sous son manteau, préféra se faire déchirer l'estomac plutôt que de dévoiler son larcin, illustre bien cet état d'esprit.

L'entraînement militaire existait aussi à Athènes. Mais s'il ne durait que deux ans pour les jeunes Athéniens de 18 ans, celui des Spartiates durait toute la vie. Les hommes de Sparte ne pouvaient pas se marier avant 30 ans et une fois mariés, ils vivaient davantage avec les autres hommes qu'avec leur épouse.

Les citoyens ne passaient pas beaucoup de temps en famille. Ils consacraient la majeure partie de leurs journées à travailler, servir de juré ou bien bavarder avec leurs amis.

LA VIE QUOTIDIENNE

Des poissons et fruits de mer décorent cette assiette. Le poisson frais était très apprécié mais il coûtait cher. Les gens les moins fortunés mangeaient du poisson séché ou en saumure.

Lors des banquets, le vin coulait à flots et les mets succulents abondaient. Des musiciens et des danseuses divertissaient les invités.

Les Grecs avaient un mode de vie simple. En raison du climat chaud et ensoleillé la majeure partie de l'année, le vêtement se réduisait à une pièce de tissu drapé enveloppant librement le corps. Mis à part le petit déjeûner qui ne comptait guère, les autres repas, également légers, se composaient de fruits, d'olives, de haricots et de pain.

L'HABILLEMENT

Les Grecs portaient des vêtements d'une étonnante simplicité. Tous, qu'ils soient hommes, femmes ou enfants, revêtaient le *chiton*, une pièce d'étoffe rectangulaire, généralement en lin, en laine ou plus rarement en « laine végétale » comme l'écrit Hérodote, c'est-à-dire en coton. Ce vêtement, non ajusté au corps, comportait seulement des ouvertures pour la tête et les bras. Les chitons des enfants et des jeunes gens leur descendaient aux genoux tandis que ceux des femmes et des hommes plus âgés tombaient sur les chevilles. Porter un chiton trop long était mal vu : cela était censé dénoter la volonté de se faire remarquer. Parfois les femmes arboraient le *peplos*, un vêtement très semblable au chiton mais ouvert presque totalement sur l'un des côtés, et avec un repli supplémentaire sur le haut. Par temps froid, les hommes comme les femmes portaient l'*himation*, un manteau de laine tissée.

LES REPAS

À Athènes, les hommes devaient pourvoir à l'alimentation de toute la famille. Ils faisaient le marché et les produits achetés étaient rapportés à la maison par les esclaves. Bien qu'abondant avec la mer toute proche, le poisson n'était servi à table qu'occasionnellement. La viande restait un mets très rare.

Le régime alimentaire spartiate était encore plus frugal et n'autorisait aucune exception. On raconte qu'un visiteur convié à manger à la cantine publique de Sparte, s'esclaffa : « Je comprends maintenant pourquoi les spartiates ne craignent pas même la mort ! » Pressé de nommer son plat favori, un poète spartiate avoua qu'il affectionnait particulièrement la soupe de lentilles, plat que la plupart des Grecs tenaient pour bien ordinaire !

Les repas s'accompagnaient de vin. Pour pouvoir le consommer, les anciens Grecs le coupaient avec de l'eau pure bien que sa conservation ne pût s'obtenir qu'en l'additionnant d'eau salée. C'est dans un grand vase appelé cratère que le vin attendait d'être bu.

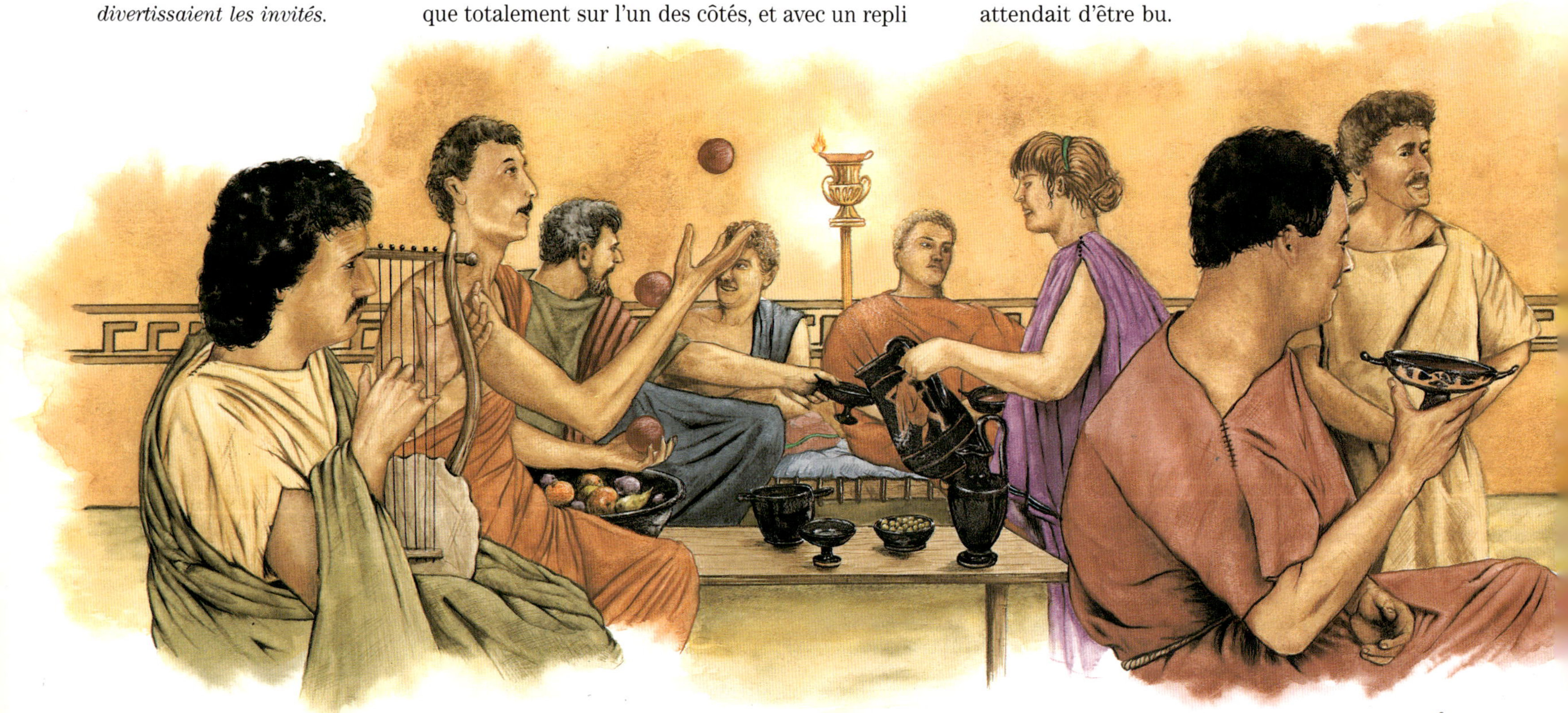

Les tuniques des Grecs appelées chitons, étaient des rectangles de lin ou de laine drapés sur le corps et retenus à l'épaule par des épingles ou par des broches. Jeunes hommes et esclaves portaient le chiton court, hommes âgés et femmes, le chiton long. En hiver, l'himation était indispensable pour se protéger du froid.

LES BANQUETS

Parfois, des mets plus recherchés étaient cuisinés à l'occasion d'un banquet, réjouissance très appréciée. Le poète spartiate Alcman mentionne avec un grand enthousiasme les tables « chargées de miches de pain aux graines de pavot, de lin et de sésame, et parmi les plats, des plateaux entiers couverts de gâteaux au miel ». Le banquet ou *symposion* avait lieu dans l'*andron*, l'aile de la maison réservée aux hommes. Les femmes et jeunes filles de la famille ne participaient pas à ces fêtes.

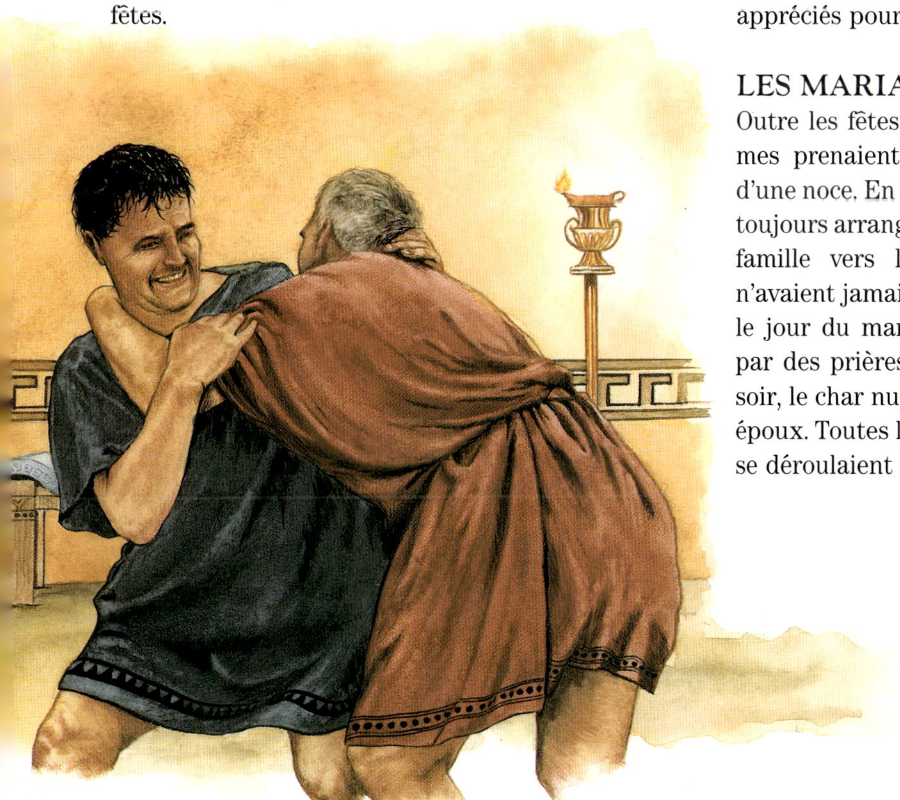

LES DIVERTISSEMENTS

Pour divertir ses invités, l'hôte qui organisait un banquet faisait toujours venir des musiciens et des danseuses, les *hétaïres*, qui étaient des esclaves ou des femmes célibataires, jugées bonnes pour distraire l'assistance mais pas pour se marier. Pendant ces banquets, le vin coulait à flots. On y jouait fréquemment à un jeu d'adresse, le *cottabe*. Ce jeu consistait à atteindre une cible en lançant les dernières gouttes de vin qui restaient dans les coupes. Néanmoins, ces banquets étaient surtout appréciés pour les discussions qui l'animaient.

LES MARIAGES

Outre les fêtes exclusivement féminines, les femmes prenaient part aux festivités s'il s'agissait d'une noce. En Grèce, les mariages étaient presque toujours arrangés, et les filles devaient quitter leur famille vers l'âge de 15 ans. Souvent, elles n'avaient jamais rencontré leur futur époux avant le jour du mariage. Les festivités commençaient par des prières dans la maison de la mariée. Le soir, le char nuptial conduisait la mariée chez son époux. Toutes les formalités, civiles ou religieuses, se déroulaient au sein de la demeure familiale.

Cette cruche dépeint une procession de mariage. Le marié conduit son épouse jusqu'à sa maison à bord du char nuptial.

LES DEMEURES GRECQUES

Des modelages en terre cuite semblables à celui-ci, représentant une table couverte de poteries, étaient souvent enterrés avec leurs défunts propriétaires.

La plupart des Grecs vivaient à la campagne, là où ils travaillaient. Et beaucoup de demeures, qu'elles soient rurales ou citadines, ne comportaient ni eau courante, ni sanitaires.

LA CUISINE ET LE BAIN

Chaque maison grecque possédait son puits d'où l'on tirait l'eau nécessaire aux besoins du foyer. Puiser l'eau représentait une réelle corvée pour les esclaves qui devaient descendre les seaux jusqu'à plus de 15 mètres de profondeur. C'est pourquoi ils se rendaient parfois à la fontaine publique. Certaines pièces de la maison étaient affectées à un usage particulier, comme la cuisine ou les toilettes, mais ne possédaient pas d'installations fixes. On cuisinait sur une sorte de fourneau portatif, et quelquefois dans un four en pierre. Dans la salle de bains, une cruche spéciale était dévolue à la toilette. Seules, les maisons d'une poignée de familles riches étaient équipées de canalisations sanitaires reliées au système public d'évacuation des eaux.

UN MOBILIER À TOUT FAIRE

Pour s'asseoir ou s'étendre, les Grecs disposaient de divans et de banquettes, et pour prendre leurs repas, de tables basses. Les habits se rangeaient dans des coffres, les chitons et les autres vêtements se pliaient facilement et pouvaient être empilés sans se froisser.

Les Grecs possédaient également des chaises et des canapés en cuir ou en fibre végétale. Certains meubles avaient plusieurs usages, comme les canapés sur lesquels on pouvait se reposer, dormir ou manger.

« La maison n'est que très peu décorée. L'architecture des pièces est simple, et prévoit un emplacement pour chacun des éléments. Chaque pièce est faite pour recevoir exactement ce qui lui correspond. »

Xénophon

LA DÉCORATION INTÉRIEURE

Ce sont les Grecs qui ont inventé l'art de la mosaïque (motifs décoratifs faits avec de petits morceaux de pierre ou de verre). Parfois, le sol de l'*andron* d'une maison riche était recouvert d'un pavement de mosaïque, réalisé avec des galets de différentes couleurs et disposés suivant des formes géométriques, carrés, triangles ou cercles. Mais, d'ordinaire, le sol des maisons était en terre battue.

Les murs étaient probablement enduits de plâtre et quelquefois agrémentés de tapisseries, aux motifs et couleurs très vives, tissées par les femmes du foyer. Les plus remarquables étaient accrochées dans l'*andron*, l'aile la mieux décorée de la maison. Chez Alcibiade, un riche et célèbre Athénien, un décorateur de théâtre avait peint les murs de la salle à manger, représentant, en perspective, différentes scènes. En revanche, les gens moins fortunés ornaient les murs de leurs maisons en y suspendant de la vaisselle ou d'autres objets usuels.

Cette terre cuite représente une femme dans sa baignoire. Les gens riches possédaient leur propre salle de bains. Les plus pauvres se lavaient dans de grandes vasques en terre.

UNE MAISON GRECQUE

1 Réserve
2 Cuisine
3 Pièce réservée aux hommes : *andron*
4 Pièce réservée aux femmes : *gynécée*
5 Atelier
6 Métier à tisser
7 Salle de bains
8 Chambre à coucher

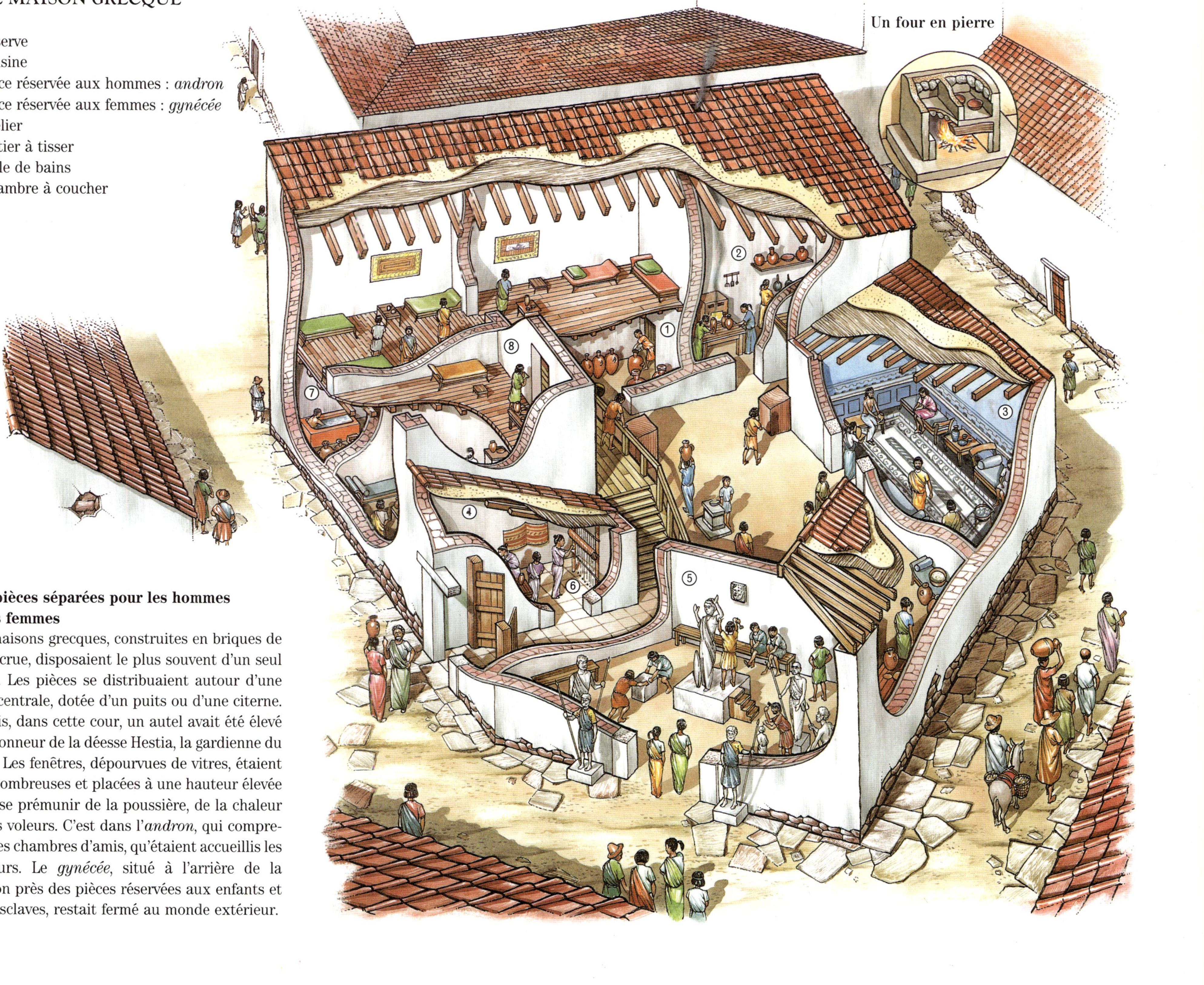

Un four en pierre

Des pièces séparées pour les hommes et les femmes

Les maisons grecques, construites en briques de terre crue, disposaient le plus souvent d'un seul étage. Les pièces se distribuaient autour d'une cour centrale, dotée d'un puits ou d'une citerne. Parfois, dans cette cour, un autel avait été élevé en l'honneur de la déesse Hestia, la gardienne du foyer. Les fenêtres, dépourvues de vitres, étaient peu nombreuses et placées à une hauteur élevée pour se prémunir de la poussière, de la chaleur et des voleurs. C'est dans l'*andron*, qui comprenait les chambres d'amis, qu'étaient accueillis les visiteurs. Le *gynécée*, situé à l'arrière de la maison près des pièces réservées aux enfants et aux esclaves, restait fermé au monde extérieur.

LES GRECS AU TRAVAIL

Cette terre cuite dépeint un esclave attisant un feu dans la cuisine. Les braises ainsi obtenues permettaient de préparer le souper, le seul repas chaud de la journée.

La laine de mouton était achetée sous forme de toison. Une fois les paquets de laine débarrassés de leur balle, ils étaient soigneusement lavés puis teints. Aux femmes mariées revenait le soin de tisser ; à leurs filles, celui de filer la laine. Le plus souvent, comme le temps s'y prêtait, le travail s'effectuait dans la cour de la maison.

Les Grecs, qu'ils soient fermiers, artisans ou employés par la cité, devaient travailler très dur pour vivre. Ils aimaient le travail bien fait et montraient une prédilection particulière pour l'artisanat. Pourtant, à leurs yeux, agir en bons citoyens était au moins aussi important.

LE TRAVAIL DES FEMMES

Les esclaves aidaient les femmes aux tâches ménagères, notamment à la cuisine. Cela permettait aux maîtresses de maison de dégager du temps pour le tissage. Vêtements, rideaux et enveloppes de coussins étaient confectionnés à domicile, ce qui exigeait un équipement particulier. Le coton étant très rare à cette époque, le tissu était fabriqué à partir du lin ou de la laine, préalablement lavés, puis peignés. Ensuite, on teignait la fibre avec des substances minérales, végétales ou animales, comme le murex, un coquillage qui permettait d'obtenir la couleur pourpre. Enfin, la laine ou le lin étaient filés à la main au moyen d'une quenouille et d'un fuseau, le rouet n'ayant pas encore été inventé. Le fil était finalement tissé sur un métier vertical, maintenu en place par des poids.

L'AGRICULTURE

L'agriculture était vitale pour l'économie de la Grèce antique. Pour preuve, on raconte que pendant la guerre du Péloponnèse (voir pages 42 et 43), le général Brasidas réussit à soumettre la ville d'Acanthe, une cité restée neutre, en la menaçant de détruire ses récoltes.

Il était fréquent que de nombreux citadins soient aussi paysans. Le calendrier agricole se déroulait selon des cycles très réguliers. Dès le début du printemps, les paysans et ceux qui les aidaient préparaient la récolte de blé du mois de mai, puis, à l'automne, ils récoltaient raisin et olives. Ensuite, ils labouraient et ensemençaient à nouveau les champs pour la récolte suivante. L'été et l'hiver n'étaient pas des saisons très chargées. Les paysans disposaient ainsi de beaucoup de temps pour s'adonner à d'autres activités comme la guerre ou les affaires de la cité.

Les vignes poussaient aisément sur les collines ensoleillées. Les grappes de raisin étaient jetées dans des paniers d'osier. On en extrayait le jus en les foulant aux pieds. Avant d'être bu, le vin était mélangé à de l'eau.

L'ARTISANAT

De nombreux artisans, potiers, sculpteurs, forgerons, travaillaient dans les villes. Chaque quartier accueillait un métier spécifique. Celui du Céramique à Athènes entretenait une centaine de peintres sur vases. Cette pratique se maintint pendant très longtemps, comme en témoigne cette maison athénienne où s'exerça la sculpture sur marbre pendant plus de 200 ans. Parmi les nombreux métiers, celui de potier était l'un des plus florissants. Les produits de l'artisanat se vendaient directement : il n'existait pas d'intermédiaires pour acheter les marchandises aux fournisseurs et les revendre ensuite aux clients. C'est pourquoi boutiques et ateliers côtoyaient les habitations privées : les Grecs vivaient aussi près que possible de leur lieu de travail. Les seuls endroits où l'on pouvait trouver l'ensemble des produits étaient les marchés.

FABRIQUES ET MINES

Les artisans de la Grèce antique tiraient une certaine fierté des biens qu'ils produisaient. Ces biens étaient produits à petite échelle. Les fabriques étaient quasiment inexistantes. Pourtant, il s'en trouvait néanmoins quelques-unes, comme cette fabrique de bois de lit qui employait une vingtaine d'esclaves, ou encore cette autre où trente esclaves travaillaient à produire des épées. En temps de guerre, à cause de la demande accrue d'armes et d'armures, des entreprises plus importantes, mais à une échelle qui reste petite selon nos critères d'aujourd'hui, virent le jour.

Les mines d'argent du Laurion, en Attique, constituent le seul exemple d'industrie qui puisse être comparé à nos industries modernes. Le droit de tirer parti de ces mines avait été baillé à de riches exploitants qui y employaient de nombreux esclaves. À titre d'exemple, le général athénien Nicias louait les services d'un millier d'esclaves, pour un profit personnel exorbitant.

On trouvait, en Grèce, toutes sortes d'outils, marteaux, haches, fraises et tours, fabriqués en bronze, et plus tard, en fer. Cette terre cuite représente un ouvrier maniant une scie.

RICHES ET PAUVRES

De cette répartition du travail, il résultait une société composée à la fois de gens très riches et de gens très pauvres. Pour assouplir ce système et en réduire un peu les inégalités, avait été institué une sorte d'impôt, les *liturgies*, qui taxait particulièrement les personnes riches. Celles-ci, en outre, devaient s'acquitter d'un certain nombre de services envers l'État, comme d'armer les navires ou de payer le chœur des tragédies et comédies, dépenses liées à l'organisation des représentations théâtrales. Et même si beaucoup parmi ces riches citoyens rechignaient à ces dépenses, ils se sentaient fiers d'aider leur cité.

Chez eux, les Grecs allaient nu-pieds. Dehors, ils portaient des sandales de cuir ou des bottes qui étaient confectionnées sur mesure.

LES CITÉS-ÉTATS

Au milieu du Ve s. av. J.-C., Périclès engagea un grand programme de construction de monuments visant à embellir Athènes. Cette période marque l'apogée de la cité.

La Grèce antique n'était pas un pays au sens actuel. Elle se composait d'une centaine de cités-États indépendantes que les Grecs appelaient *polis*. De ce terme est issu notre mot « politique » qui signifie : l'art de gouverner les affaires de l'État.

VILLES ET CAMPAGNE

Le territoire d'une cité-État n'était pas limité à la ville qui lui donnait son nom. Il englobait également la campagne environnante. Par exemple, étaient « Athéniens » les citoyens de la ville aussi bien que les habitants de l'Attique, région où se trouve Athènes. Mais les modes de vie et les intérêts des citadins et des gens de la campagne étaient souvent assez différents. Dans une de ses comédies, *les Acharniens*, l'auteur de théâtre Aristophane raconte la tristesse des habitants d'un petit village de l'Attique, obligés de quitter leurs maisons pour se réfugier à Athènes quand éclate la guerre du Péloponnèse (voir pages 42 et 43).

UNE DÉMOCRATIE DIRECTE

Dans une cité-État, seuls les hommes adultes étaient considérés comme citoyens. Rares étaient les cités-États où le nombre de citoyens atteignait 10 000. Dans ces grandes cités, vivaient aussi 40 000 femmes, enfants et métèques et 50 000 esclaves environ, soit un total de 100 000 personnes. Au milieu du Ve siècle av. J.-C., Athènes constituait une exception notable avec ses 40 000 citoyens. Sparte, quant à elle, comptait 9 000 citoyens pour 60 000 hilotes (voir pages 10 et 11).

Le philosophe Aristote affirmait que l'une des premières conditions pour qu'une démocratie fonctionne bien était que tous les citoyens se connaissent au moins de vue. Selon lui, la démocratie ne pouvait pas s'exercer dans des cités où la population aurait dépassé 100 000 citoyens, c'est-à-dire, un million de personnes en tout.

Le centre cérémoniel d'Athènes se trouvait sur l'Acropole (ce mot signifie « ville haute »). Le monument le plus important, le Parthénon, est un temple édifié en l'honneur de la déesse Athéna. La statue de la déesse, haute de 10 mètres, s'élève à proximité.

Les pièces de monnaie grecques, en or ou en argent, étaient frappées d'un côté, du symbole de la cité, et de l'autre, du visage du dieu local le plus vénéré.

DIPLOMATIE ET ALLIANCES

Les grandes cités avaient des représentants dans les autres cités. Par exemple, à Athènes, celui de Sparte était un Athénien qui avait accepté d'agir pour le compte de Sparte.

Certaines cités se groupaient parfois pour former des alliances, dans le but, le plus souvent, de lutter contre des assaillants éventuels. Ainsi, les cités de Béotie avaient constitué la Ligue béotienne et les cités côtières de la mer Égée, la Confédération athénienne.

DES MURAILLES DÉFENSIVES

Des enceintes défensives entourant certaines cités visaient à les protéger des attaques ennemies. Les murailles d'Athènes, longues de 5 kilomètres, et construites à la hâte peu après les guerres contre les Perses, s'étendaient jusqu'au port du Pirée.

Sparte ne possédait pas de telles murailles, probablement en raison de ses défenses naturelles qui lui valurent le surnom de « citadelle de la Grèce ». La cité n'était pas aussi vulnérable que bien d'autres, grâce à la chaîne du Taygète, ces hautes montagnes qui l'entourent, et qui constituent une formidable barrière naturelle contre tout envahisseur potentiel.

MONNAIE ET MESURE DU TEMPS

Chaque cité, outre ses traditions et coutumes, possédait son calendrier, ce qui compliquait souvent ses relations avec les autres cités-États.

Chaque cité-État possédait sa monnaie, frappée à l'effigie de l'emblème de la cité, la chouette pour Athènes, le cheval pour Larissa. Les pièces de monnaie, d'invention récente pour l'époque, ne s'échangeaient pas à un taux fixé à l'avance. Le marchandage était de rigueur, jusqu'à ce que les deux parties tombent d'accord sur un montant acceptable pour elles deux. Certaines pièces n'avaient cours que dans leur cité d'origine, d'autres étaient acceptées dans tout le monde hellénique.

UN HONNEUR POUR LA CITÉ

Chaque cité-État possédait son identité propre, d'où il résultait parfois des préjugés à l'encontre d'autres cités. La fierté liée à l'origine locale était très profondément ancrée dans les mentalités, tout particulièrement chez les habitants de Sparte. Pour preuve, cet épigramme célèbre, faisant référence à un épisode survenu lors de la bataille des Thermopyles où les vaillants soldats spartiates, en nombre très inférieur à celui de leurs adversaires, avaient refusé la fuite et avaient péri sous le coup des attaquants perses : « Va dire à Sparte, toi étranger de passage, que nous gisons ici ayant obéi à sa loi ».

Voici une statue en marbre représentant un guerrier spartiate, Léonidas, roi de Sparte de 490 à 480 av. J.-C. Elle proviendrait d'un monument élevé à la mémoire des soldats spartiates morts à la bataille des Thermopyles.

LA DÉMOCRATIE

Les jurés votaient la culpabilité ou l'innocence de l'accusé au moyen de disques comme ceux-ci.

Chaque juré devait déposer, dans l'une des fentes de cette « machine », appelée clérotérion, une tablette de bronze gravée de son nom. Chaque jour, plusieurs rangées étaient choisies pour servir dans les tribunaux.

Chaque cité-État possédait son propre mode d'organisation politique. Mais toutes fondaient leurs gouvernements sur la liberté et l'indépendance. Les Grecs ne voulaient pas vivre comme leurs voisins perses, entièrement soumis à leur roi.

LE GOUVERNEMENT DE SPARTE

Un système particulier, différent de celui de toutes les autres cités-États, régissait le gouvernement spartiate. L'administration se partageait entre un nombre important de personnes, deux rois, cinq *Éphores*, des magistrats élus tous les ans, un sénat et une assemblée. Un principe simple sous-tendait cette organisation : aucune institution ne devait posséder davantage de pouvoir que les autres.

Voici une clepsydre ou horloge à eau. Au tribunal, le temps de parole des orateurs était égal au temps que mettait l'eau contenue dans le récipient du haut à s'écouler dans celui du bas. Nombre de Grecs aimaient servir de jurés dans les tribunaux.

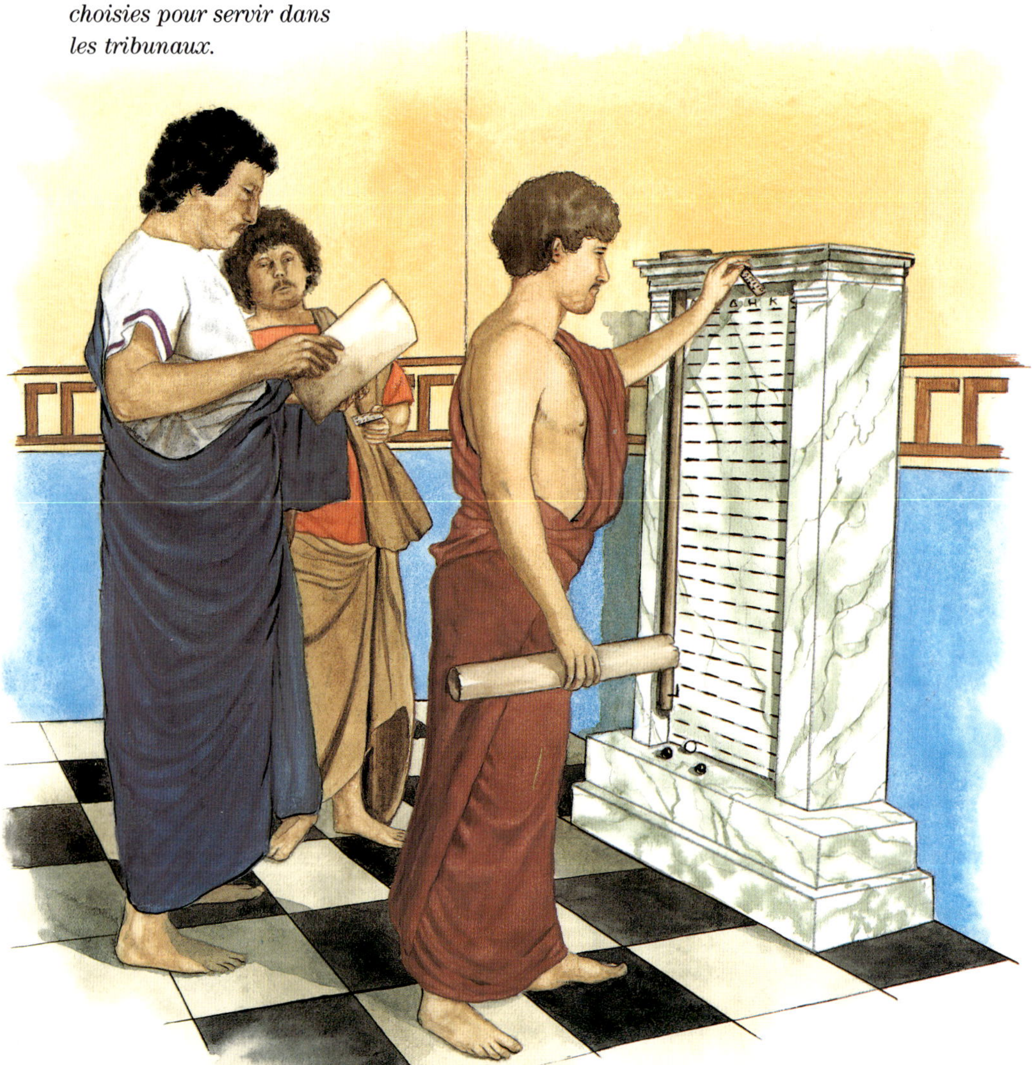

DIFFÉRENTS SYSTÈMES D'ADMINISTRATION

Beaucoup de cités-États étaient gouvernées par des groupes composés de citoyens aisés. Ce système portait le nom d'« oligarchie », c'est-à-dire, « gouvernement d'un petit nombre ». Certaines cités, comme Athènes, n'étaient gouvernées par une oligarchie qu'en temps de crise, contrairement à Thèbes qui en avait fait son système de gouvernement permanent.

Au-delà de la diversité de ces gouvernements, la Grèce antique a inventé un système politique original : la démocratie, « gouvernement du peuple », dont nous avons hérité. Ce mode de gouvernement a, bien sûr, évolué. En effet, la taille des États modernes impose aux démocraties d'être aujourd'hui gouvernées par un groupe d'individus élus représentant la population dans les différentes assemblées. Les cités grecques étaient suffisamment petites pour pratiquer la « démocratie directe », c'est-à-dire que les citoyens assistaient eux-mêmes aux assemblées. Ce système s'appliquait également dans le domaine de la justice : tout citoyen pouvait être appelé à siéger comme juré au tribunal. Il n'était pas rare que dix tribunaux siègent en même temps, chacun mobilisant plusieurs centaines de personnes. Les Athéniens aimaient beaucoup participer aux procès au cours desquels les accusés devaient se défendre eux-mêmes. Les citoyens assuraient les fonctions de juges et de procureurs. S'occuper des affaires publiques était un devoir si important que, à Athènes, pendant certaines périodes, les citoyens étaient payés pour cette tâche.

LES DANGERS DE LA DÉMAGOGIE

À Athènes, pendant les assemblées, chaque individu avait le droit de prendre la parole. Cependant, d'excellents orateurs déployaient leur talent pour convaincre les autres citoyens du bien-fondé de leurs affirmations. On les appelait *démagogues*. Pendant la guerre du Péloponnèse, des nouvelles en provenance de l'île de Mytilène annonçaient une rébellion des habitants contre l'administration athénienne. Après un débat passionné et houleux, de bons orateurs parmi les citoyens qui se sentaient outragés, avaient réussi à faire voter, par l'assemblée, la mise à mort et l'esclavage pour les habitants de Mytilène. Le jour suivant, les Athéniens, si effrayés de ce qu'ils avaient voté, réunirent une nouvelle assemblée et revinrent sur leur décision. Par chance, la nouvelle arriva dans l'île juste à temps pour en sauver ses malheureux habitants.

À Athènes, il arrivait que, craignant l'emprise d'un bon orateur, l'assemblée vote une mesure d'*ostracisme*. Chacun était invité à voter en inscrivant sur un fragment de poterie, le nom de celui qu'on voulait bannir. Si 6 000 voix étaient réunies, l'ostracisme était prononcé et la personne concernée devait s'exiler de la cité pour dix ans.

« Il se trouve, à Athènes, une catégorie de gens qui excellent dans l'art de vitupérer contre les droits des autres citoyens de cette assemblée. Je leur conseillerais ceci : de concentrer tous leurs efforts à pratiquer la justice dans la cité, plutôt que de s'occuper des affaires d'autrui. Ils commenceront ainsi à réellement faire leur devoir... »

Démosthène

LE RÔLE DE CHACUN

Devant le manque d'intérêt de participer à la vie publique, on institua par exemple une coutume brutale et amusante : des esclaves ramenait de force à l'aide de cordes teintes en rouge les récalcitrants qui ainsi préféraient prendre part au débat public plutôt que de subir un tel châtiment vexatoire.

Chaque citoyen athénien pouvait s'exprimer librement et participer aux décisions. Pourtant, la démocratie athénienne ne respectait pas toujours les principes qu'elle prônait. Une défaite militaire ou une catastrophe imprévisible (épidémie, famine) conduisaient la population à se tourner vers ses chefs – qu'ils soient ou non aussi prestigieux que Périclès. Il y avait alors des Athéniens pour se plaindre du trop grand pouvoir accordé au peuple, trop pauvre et ignorant, selon eux. Cependant la plupart des Athéniens étaient attachés à leur système politique.

LA VIE PUBLIQUE

Ces instruments officiels servaient à mesurer le blé, le vin, l'huile et bien d'autres marchandises. Leur instauration permit de mettre fin aux discussions interminables et aida les contrôleurs à régler les différends entre les commerçants et leurs clients.

Sur la splendide agora d'Athènes, ce grand marché en plein air, paysans et artisans venaient vendre leurs produits. Ils y avaient installé leurs échoppes à l'air libre, mais aussi dans de longs bâtiments à colonnades.

C'est sur de grandes places connues sous le nom d'*agora* que se réunissaient les citoyens des cités-États. Ce lieu, où il était formellement interdit de construire, était scrupuleusement protégé par des blocs de pierre qui en délimitaient les contours.

L'AGORA, SYMBOLE DU POUVOIR

L'agora athénienne, avec ses abords plantés d'édifices publics prestigieux, impressionnait beaucoup les visiteurs. Ce n'était pas le cas de celles d'autres cités, comme Sparte, dont l'agora n'avait fait l'objet d'aucune attention architecturale particulière.

PRÉSIDENT D'UN JOUR

Le gouvernement de la cité athénienne siégeait dans des bâtiments situés autour de l'agora. Toutefois, l'assemblée, qui pour prendre certaines décisions devait réunir au moins 6 000 participants, était obligée de se tenir hors de la ville, sur une colline appelée la Pnyx. L'assemblée se réunissait environ tous les dix jours pour voter des lois. Leur rédaction était exécutée par le Conseil ou *Boulé*, dans un édifice de l'agora, le Bouleutérion. La Boulé était constituée de 500 hommes tirés au sort dans chacune des 10 tribus qui formaient le tissu civique : chaque tribu fournissait 50 citoyens. Les 50 bouleutes devenaient à tour de rôle *prytanes*, c'est-à-dire, présidents de la Boulé pendant un dixième de l'année, 36 jours environ. Ce petit exécutif tenait des séances journalières. Chaque jour, un nouveau « chef d'État », l'*épistate*, qui possédait entre autres, le droit de déclarer la guerre, était tiré au sort parmi les prytanes. Il ne pouvait assurer cette fonction de président qu'une seule fois dans sa vie et pour une bien courte durée, un jour seulement, d'un coucher du soleil à l'autre ! Tout citoyen athénien pouvait donc espérer, un jour ou l'autre, occuper ce poste.

Pendant toute la durée de sa charge, la prytanie logeait dans la Tholos, un édifice rond proche du Bouleutérion, et dans lequel pouvaient dormir 17 prytanes, prêts à assumer, y compris la nuit, les tâches urgentes susceptibles de se présenter. Les repas étaient financés sur les deniers publics. Des fragments de poterie portant l'inscription « DE », une abréviation de *demosion*, qui veut dire « public », ont été retrouvés. Vraisemblablement, ces fragments constituaient des éléments de la vaisselle réservée au personnel officiel. Les inscriptions permettaient de les identifier et d'éviter toute disparition malencontreuse.

L'AGORA D'ATHÈNES

1 Bouleutérion (chambre du Conseil)
2 Boulé ou Conseil des 500
3 Tholos
4 Lits réservés aux prytanes
5 Tables à manger
6 Ancien Bouleutérion
7 Archives publiques

Statue de la « Mère des Dieux »

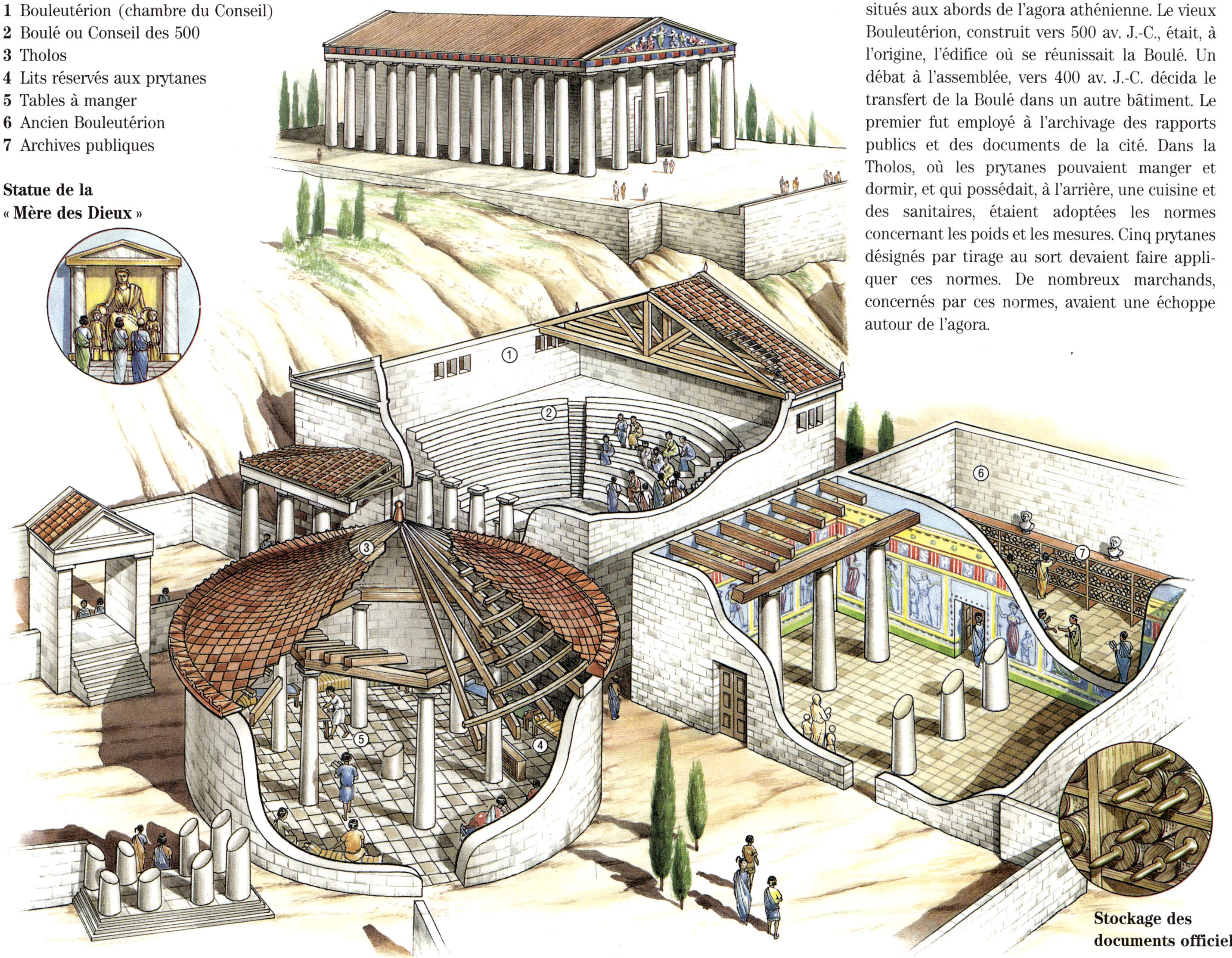

Stockage des documents officiels

Les édifices gouvernementaux

Ces trois bâtiments gouvernementaux étaient situés aux abords de l'agora athénienne. Le vieux Bouleutérion, construit vers 500 av. J.-C., était, à l'origine, l'édifice où se réunissait la Boulé. Un débat à l'assemblée, vers 400 av. J.-C. décida le transfert de la Boulé dans un autre bâtiment. Le premier fut employé à l'archivage des rapports publics et des documents de la cité. Dans la Tholos, où les prytanes pouvaient manger et dormir, et qui possédait, à l'arrière, une cuisine et des sanitaires, étaient adoptées les normes concernant les poids et les mesures. Cinq prytanes désignés par tirage au sort devaient faire appliquer ces normes. De nombreux marchands, concernés par ces normes, avaient une échoppe autour de l'agora.

SCIENCE ET PHILOSOPHIE

Ce type d'ex-voto remerciait les dieux d'avoir favorisé les guérisons et était commandé par d'anciens malades.

Les Grecs adoraient discuter. C'est à l'abri du soleil, dans les bâtiments aux ailes ouvertes situés tout autour de l'agora, qu'ils entretenaient des débats passionnés. Tout était matière à discussion : la marche du monde, le sens de la vie, la nature du comportement humain... Ils nommaient ces réflexions, *philosophie*, ce qui signifie « amour de la sagesse ».

OBSERVATION OU THÉORIE

L'amour de la sagesse conduisit certains Grecs à la découverte de nombre de lois concernant les sciences et les principes qui régissent l'ordre naturel. Leur recherche s'effectuait par des méthodes d'observation et de calcul scrupuleuses. C'est en observant ce qui se passait lorsqu'il entrait et sortait de sa baignoire que le savant Archimède dégagea les règles concernant la variation du niveau des eaux. Il put vérifier que chaque fois qu'il entrait dans son bain, son corps déplaçait son propre volume d'eau. Poursuivant sa recherche, il soumit l'hypothèse que son observation restait valable quel que soit l'objet immergé dans l'eau.

D'autres savants voulurent dépasser la simple observation et comprendre les lois qui sous-tendent le monde physique. De quoi le monde était-il fait ? Les objets étaient-ils réellement en mouvement ou bien n'était-ce qu'une apparence ? Les Grecs anciens se passionnaient pour les mêmes questions qui animent aujourd'hui encore nos physiciens. Certaines des conclusions auxquelles ils sont parvenus se sont avérées fausses, d'autres, en revanche, remarquablement exactes. Déjà, le savant grec Leucippe de Milet avança la théorie selon laquelle l'univers était composé d'une infinité de très petites particules, les atomes, regroupées selon différentes combinaisons et constamment en mouvement. Les expérimentations scientifiques modernes ont confirmé cette découverte.

Beaucoup de Grecs se méfiaient des philosophes. Certains désiraient s'initier aux idées nouvelles. Pour d'autres, le réel plaisir résidait dans la seule discussion.

Archimède inventa le procédé selon lequel en actionnant une manivelle, une hélice située à l'intérieur d'un cylindre faisait remonter l'eau jusqu'à ce qu'elle ressorte par le haut. Cette hélice s'appelle la vis sans fin.

UNE MÉDECINE NOUVELLE

La même approche scientifique valut également pour la médecine. Hippocrate, dont les conceptions nous paraissent aujourd'hui encore d'une étonnante modernité, compte parmi les tout premiers médecins à ne plus avoir considéré la maladie comme une punition infligée par les dieux. C'est après une auscultation méthodique de ses patients qu'il leur prescrivait des remèdes adaptés à leur cas. Chaque traitement était fondé sur une connaissance approfondie du malade, son âge, son métier, son comportement, son mode de vie et même ses habitudes de sommeil. Ces questions constituaient un préalable à l'étude des symptômes de la maladie elle-même. À ce très grand médecin, nous devons le fameux *Serment d'Hippocrate*, sorte d'engagement moral du médecin envers son malade de le soigner dans le plus grand respect de sa personne.

LES MATHÉMATIQUES

Les Grecs sont à l'origine de plusieurs découvertes mathématiques fondamentales. C'est en manipulant des cailloux sur le sable que Pythagore de Samos fit ses expériences jusqu'à parvenir à énoncer son fameux théorème sur les rapports de longueur entre les côtés d'un triangle rectangle. Il observa également que les notes sur l'échelle musicale dépendaient mathématiquement de la longueur de la corde que l'on pinçait ou de celle de la flûte dans laquelle on soufflait.

APPLICATIONS PRATIQUES

Malgré leur contribution au développement de la connaissance scientifique, les Grecs ne se sont pas beaucoup intéressés à mettre en pratique leur savoir. Pendant la majeure partie de leur histoire, la découverte de principes physiques et chimiques ne se traduisait pas par la réalisation d'objets pouvant améliorer la vie quotidienne. Thalès de Milet, cependant, sut mettre en pratique ses connaissances météorologiques : ayant prévu des signes annonciateurs de beau temps d'où il résulterait une récolte d'olives abondante, il acheta autant de pressoirs qu'il le put, et s'assura par là un profit des plus confortables !

LES DANGERS DE LA PENSÉE

La curiosité et l'imagination de certains n'ont pas toujours été estimées à leur juste valeur. Le célèbre philosophe Socrate affirmait que l'homme le plus sage était celui qui pensait ne rien connaître du tout. Lorsque le philosophe chercha à convaincre ses concitoyens athéniens qu'eux-mêmes ne savaient rien, cela constitua une preuve suffisante : Socrate avait, selon eux, insulté les dieux et corrompu la jeunesse par ses idées ; il fut condamné à mort. Il mourut après avoir bu une infusion à base de ciguë, une plante au poison mortel, en guise de châtiment.

Un des penseurs grecs les plus illustres, Socrate, conduisait ceux qui l'écoutaient sur le chemin de la vérité en leur posant des questions et en les laissant y répondre.

À l'arrière-plan de ce bas-relief votif, un homme est piqué par un serpent. Au premier plan, on le voit, soigné par un médecin.

SPORTS ET JEUX

Cette statue grandeur nature représente un conducteur de char, appelé aurige. Elle faisait partie, à l'origine, d'une sculpture représentant un char tiré par quatre chevaux.

Pour les Grecs de l'Antiquité, entraîner son corps était aussi important qu'exercer son esprit. Tout bon citoyen pratiquait sports et jeux depuis son enfance et jusqu'à ce qu'il en soit physiquement incapable.

UN JEU FÉMININ

Femmes et jeunes filles n'avaient quasiment pas la possibilité de s'adonner à des sports. Néanmoins, à Athènes, elles ne se trouvaient pas exclues des jeux, surtout ceux de hasard, pratiqués également par les hommes. Elles jouaient aussi à des jeux d'adresse, tels les osselets qui devinrent un jeu typiquement féminin. Aujourd'hui encore, on peut observer des traces de ces jeux sur les sièges de marbre de certains théâtres antiques, ce qui indique qu'on y jouait en attendant les représentations.

Bien qu'un jeu ressemblant au hockey ait été pratiqué, d'une façon générale, les jeux d'équipe n'étaient pas très répandus en Grèce. Le sport visait surtout à encourager les performances individuelles, notamment lors des compétitions athlétiques.

Les femmes comme les hommes jouaient aux osselets. Ils étaient fabriqués avec des os de chevilles de chèvres ou de vaches. Il fallait lancer les osselets en l'air un par un et les rattraper sur le revers de la main.

LA COURSE

La course était probablement le sport le plus populaire en Grèce. Il se pratiquait sur terrain sableux, pour rendre l'exercice plus difficile. Comme pour les épreuves modernes d'athlétisme, il existait des compétitions sur différentes longueurs : les courses simples, de la longueur d'un stade, 200 mètres, les doubles, de deux longueurs de stade et la course de fond, de 24 tours de stade, soit 4 800 mètres. Une des compétitions avait lieu armé, ce qui était une façon de maintenir les hommes en bonne forme pour combattre dans les armées. La très longue course du marathon ne se pratiquait pas au VIe siècle av. J.-C. Événement sportif très populaire aujourd'hui, elle évoque la célèbre bataille à l'issue de laquelle le messager Philippidès dut parcourir 42 kilomètres pour annoncer à Athènes la victoire remportée par les Grecs.

LUTTE ET PUGILAT

La lutte exigeait à la fois de l'habileté, de la souplesse, de la présence d'esprit et de la force. Les combats se déroulaient sur un terrain poussiéreux, pour faciliter la prise sur l'adversaire, ou boueux, pour la rendre plus difficile. Était déclaré vainqueur celui qui avait renversé trois fois son concurrent en lui plaquant les épaules au sol.

Chaque pugiliste se protégeait la tête d'un casque de bronze, mesure rendue indispensable depuis que les combattants s'entouraient les poings de lanières de cuir incrustées de métal. Cela n'empêchait pas les combats d'être tout de même sanglants, mais pas autant qu'au jeu du *pancrace*, une combinaison de lutte et de pugilat où hormis les morsures, tous les coups étaient permis.

LE PENTATHLON

Le pentathlon, de *penta* qui veut dire « cinq », comprenait cinq épreuves, la course, la lutte, le saut en longueur, le lancement du disque et du javelot. Le saut en hauteur n'existait pas dans les compétitions de la Grèce antique. Quant au saut en longueur, nous ne savons pas très bien en quoi il consistait précisément, car les rapports qui nous sont parvenus font état de longueurs très importantes. On suppose que cette épreuve comportait un bond, un pas puis un saut, exercice plus proche de notre actuel triple saut que du saut en longueur. Les candidats au saut portaient des poids en pierre ou en métal, qu'ils lançaient en avant pour se donner une force supplémentaire dans cette épreuve. On ne sait pas avec précision comment était arbitré le pentathlon : il semblerait que seuls, les vainqueurs au saut en longueur, au disque et au javelot pouvaient participer aux épreuves de course et de lutte.

AVEC DES ANIMAUX

Les Grecs utilisaient des animaux pour les compétitions sportives. Des combats de coqs, de cailles ou de perdrix avaient lieu régulièrement et faisaient l'objet de paris. Néanmoins, les courses de char restaient, sans conteste, les compétitions les plus populaires. La récompense revenait au propriétaire du cheval vainqueur et non au conducteur lui-même. Cette mesure permit à quelques femmes de participer à l'organisation de certaines courses. Kyniska, la sœur d'un roi de Sparte, fut la première propriétaire de chevaux à engager ses bêtes pour concourir à Olympie.

Tous les quatre ans, les conflits armés étaient interrompus pendant toute la durée des jeux Olympiques. Ces jeux, dédiés à Zeus, comprenaient des épreuves de course de chars, de course à pied, de boxe et de lutte. Les vainqueurs recevaient une couronne d'olivier.

LES FÊTES RELIGIEUSES

Cette assiette montre des Spartiates costumés, dansant autour d'une jarre de vin, probablement au cours d'une cérémonie consacrée à Dionysos, le dieu de la vigne.

Voici un fragment de la frise du Parthénon consacré aux Grandes Panathénées. Ces fêtes religieuses se tenaient à Athènes tous les quatre ans. Une génisse, sur le point d'être sacrifiée en l'honneur de la déesse Athéna, y est représentée.

Les nombreuses festivités organisées en l'honneur des dieux et des déesses du panthéon grec comportaient toujours des épreuves athlétiques, en raison de l'importance que revêtait l'exercice physique. Processions, rites et rituels accompagnaient également ces grandes manifestations religieuses.

À OLYMPIE

Certaines fêtes religieuses donnaient exclusivement lieu au déroulement d'épreuves athlétiques. Les jeux Olympiques, du nom de la ville d'Olympie, étaient organisés tous les quatre ans, et dédiés à Zeus. Ces jeux étaient panhelléniques, c'est-à-dire que tous les Grecs pouvaient participer. À cette occasion, des hérauts sillonnaient le pays pour proclamer la trêve et les combats devaient cesser pendant toute la durée des festivités. Les jeux de Delphes, en l'honneur d'Apollon, ceux d'Isthmia, en l'honneur de Poséïdon et ceux de Némée consacrés à Zeus, étaient également des jeux panhelléniques, et certains athlètes voyageaient de l'un à l'autre pour y prendre part.

GAGNER OU SIMPLEMENT JOUER

Les fêtes locales organisées par les cités comportaient souvent, elles aussi, des compétitions sportives. À Athènes, de nombreuses épreuves se disputaient à l'occasion de la fête des Panathénées consacrée à la déesse Athéna. L'une, notamment, particulièrement dangereuse, consistait à sauter par-dessus un char lancé à grande allure. Les gagnants recevaient des vases d'huile d'olive de l'Attique. Cette récompense n'avait pas le même prestige que la couronne d'olivier qui, à Olympie, parait la tête du vainqueur.

LES PROCESSIONS

La procession constituait le temps fort des Panathénées. Elle exigeait une grande organisation au terme de laquelle chacun se voyait attribuer une place, devait revêtir des vêtements cérémoniaux particuliers et transporter des objets, vaisselle et paniers. Chanteurs et musiciens étaient indispensables. Pour les femmes, c'était la plus belle occasion d'apparaître en public. La procession visait à transporter le *péplos*, le nouveau voile confectionné pour la statue d'Athéna, jusqu'à son sanctuaire, sur l'Acropole, avec à sa tête, les jeunes filles qui l'avaient tissé.

LES SACRIFICES

Les Panathénées se terminaient toujours par l'offrande de sacrifices. Si des sacrifices humains avaient été pratiqués dans les temps primitifs, cette coutume avait pu se maintenir à l'époque classique, surtout dans certaines campagnes reculées. Mais, en général, c'était un animal, vache, mouton ou chèvre, qui était sacrifié. Certains organes étaient réservés au dieu, en l'occurence Athéna. Le reste de l'animal était cuit puis mangé.

Les fêtes et les processions se déroulaient très souvent au son des aulos, *des doubles flûtes fabriquées en roseau et munies de languettes, les anches. Les* aulos *étaient maintenus par des lanières de cuir.*

La procession des Panathénées. Le péplos tissé par les jeunes filles athéniennes, les arrhéphores, était attaché au mât d'un bateau tiré à travers toute la ville jusqu'au Parthénon, sur l'Acropole, où se trouvait la statue d'Athéna.

DES FÊTES POPULAIRES

Même pour Sparte, les fêtes constituaient des événements importants. Avant le début des labours, au printemps, des jeunes filles choisies parmi les meilleures familles de la cité, devaient saluer la montée de l'aube. On raconte également que malgré leur goût et leur esprit guerriers, les Spartiates refusèrent d'arriver à temps pour la bataille de Marathon parce qu'ils étaient en train de fêter la pleine lune. La cité d'Athènes comptait à son calendrier de nombreuses fêtes, qui avaient un caractère à la fois religieux et civique.

LE THÉÂTRE

Cette terre cuite représente un acteur comique jouant le rôle d'un esclave. Son masque est confectionné avec du lin préalablement empesé.

Dans la Grèce antique, se rendre au temple ou aller au théâtre étaient des actes religieux. Les représentations se déroulaient sous les auspices de Dionysos, dieu du théâtre et du vin. On prêtait à cette divinité le pouvoir de transporter les individus hors des limites de leur expérience quotidienne.

CHANT ET DANSE

C'est dans les rituels chantés et dansés lors des célébrations du culte de Dionysos, que le théâtre trouve son origine. Les représentations théâtrales se déroulaient sur une aire circulaire en terre battue appelée *orchestra*, ce qui signifie, en grec, « piste de danse ». Cet endroit proviendrait de l'aire qui servait, dans les villages, au battage du blé. Les premières pièces de théâtre se composaient de parties chantées et dansées. Elles étaient exécutées par un groupe de plusieurs personnes appelé « chœur ». Avec le temps, un membre du chœur, le « protagoniste », se dégagea du groupe et commença à dialoguer avec lui : le théâtre marquait ses débuts. Plus tard, le chœur perdit encore de son importance au profit des parties déclamées par trois acteurs. Les parties chantées et dansées subsistèrent entre les scènes.

Dans la Grèce antique, citoyens, femmes et métèques se retrouvaient au théâtre lors des représentations. À l'époque classique, l'importance du théâtre était telle qu'à Athènes, l'État payait la place des citoyens pauvres.

« Se parer le corps de plumes
est une petite merveille.
Pour cela, chers spectateurs,
imaginez-vous avec des ailes. Pourquoi écouter,
le ventre vide, une tragédie ? Déployez vos ailes,
envolez-vous, en cas d'ennui ! Et de vous
en retourner, après manger, vous régaler,
Avec la comédie que je vais vous servir,
sans plus tarder. »

Aristophane

LES CONCOURS D'ŒUVRES DRAMATIQUES

Les pièces de théâtre, comme les sports et les jeux, faisaient l'objet de concours qui duraient, à Athènes, quatre jours, pendant lesquels étaient représentées trois pièces comiques et trois tragédies. Le lauréat du concours de tragédie se voyait offrir un bélier, celui du concours de comédie un panier de figues et une amphore de vin. Plus tard, on orna la tête des vainqueurs d'une couronne, comme les athlètes.

Dans cette pièce, les deux acteurs de droite reliés par une pièce de tissu à la manière d'un cheval de comédie, jouent le rôle d'un centaure, une créature mi-homme mi-taureau, nommé Chiron.

UN THÉÂTRE GREC

Plan du théâtre

1 Orchestra
2 Mur de scène
3 Grue
4 Proscenion (devant de la scène)
5 Panneau mobile
6 Décors
7 Theatron : gradins réservés aux spectateurs
8 Fauteuils des magistrats et prêtres
9 Autel de Dionysos
10 Acteurs
11 Vestiaire

Un théâtre masqué

Les premiers théâtres étaient des aires à flanc de collines déboisées et peu aménagées. Les théâtres, toujours en plein air, furent, plus tard, construits en pierre. Les changements de décor et les effets d'éclairage étaient limités, parce que les Grecs ne disposaient pas de rideaux. Les décors, élémentaires, étaient constitués de toiles peintes accrochées au mur de scène. Il existait toutefois une sorte de machinerie qui pouvait produire des effets impressionnants. Dans beaucoup de pièces, un personnage divin descendait sur la scène pour dénouer l'intrigue, en général, très compliquée. Les femmes ne pouvant devenir actrices, leurs rôles étaient pris en charge par des hommes : c'est une des raisons pour lesquelles les acteurs portaient des masques qui les aidaient aussi à amplifier leur voix.

DIEUX ET DÉESSES

Dionysos, le dieu du vin, faisait, dit-on, pousser une vigne sur le pont de son bateau et transformait les pirates en dauphins.

Quelles que soient leurs obligations familiales, les Grecs se réservaient toujours du temps pour aller au gymnase et pour s'occuper des affaires de la cité. Mais ils croyaient profondément que des forces cachées, la *moïra* ou destin, étaient à l'œuvre et régissaient leur conduite et leurs pensées. Et personne, bien sûr, ne pouvait prévoir ce que le destin réservait pour l'avenir.

LE PANTHÉON OLYMPIEN

Les Grecs croyaient en l'existence de nombreux dieux et déesses qui intervenaient en permanence dans le destin des hommes. Ils étaient parfois ombrageux et soutenaient de façon très personnelle les grands événements de la vie grecque. En conséquence, les Grecs cherchaient à les satisfaire pour s'assurer leur bienveillance. Tous les événements importants du monde grec – jeux, représentations théâtrales, processions et sacrifices – se déroulaient sous les auspices divins, la divinité concernée dépendant des coutumes locales. Il existait en Grèce nombre de dieux et de déesses, mais douze seulement étaient investis d'un pouvoir plus important que les autres. Ces dieux habitaient l'Olympe, la plus haute montagne grecque. Ils se nourrissaient de nectar et d'ambroisie, qui leur permettaient de demeurer immortels et de ne pas connaître la vieillesse.

Zeus était le maître absolu des dieux. Son frère, Poséidon gouvernait le royaume des mers et son autre frère Hadès, les Enfers. Son fils, Apollon, dont le sanctuaire se trouvait à Delphes, était le dieu des arts. Héphaïstos, dieu des forgerons et Arès, dieu de la guerre, occupaient également des rôles importants. Le messager divin, Hermès, se déplaçait à une vitesse fulgurante grâce à ses sandales ailées. Dionysos, fils de Zeus, était le dieu de la vigne et du vin.

Parmi les déesses, Héra, la femme de Zeus, veillait sur les mariages. Artémis, déesse de la lune et de la chasse protégeait les jeunes filles. Aphrodite, la déesse de l'amour, était la plus féminine de toutes les déesses. Athéna, une autre fille de Zeus, était la déesse de l'intelligence mais n'hésitait pas à aider les guerriers. Hestia, une sœur de Zeus, avait en garde les foyers, tandis que Déméter, une autre sœur, veillait sur la végétation et les cultures.

Ce vase retrace quelques-uns des exploits du héros Thésée : on le voit tuer la laie sauvage de Crommyon, s'exercer à la lutte et, au centre, tuer le célèbre Minotaure.

DIFFÉRENTES FACETTES

Tous les Grecs vénéraient les mêmes divinités olympiennes. Mais les dieux changeaient d'attribution selon les lieux où ils faisaient l'objet d'un culte. Artémis, par exemple, était vénérée à Brauron, en Attique, en tant que déesse de la chasse et des jeunes femmes, tandis qu'à Éphèse, elle était honorée par des femmes qui désiraient avoir des enfants.

UNE CERTAINE CONFUSION

Nombre de légendes circulaient au sujet des fréquentes apparitions sur terre des dieux. Ceux-ci prenaient, disait-on, forme humaine, ce qui semait le trouble parmi les hommes. Zeus, en effet, avait l'habitude de tomber amoureux de simples mortelles et les emmenait avec lui, déclenchant par là de terribles colères chez sa femme Héra.

Afin de satisfaire leurs dieux et de gagner leurs faveurs, les Grecs avaient bâti avec les matériaux les plus précieux des temples impressionnants. Chaque temple était considéré comme la demeure terrestre du dieu auquel il était dédié.

Les dieux grecs n'avaient pas pour fonction d'enseigner aux gens la différence entre le bien et le mal. Ils se comportaient comme des êtres humains : ils s'amusaient, tombaient amoureux, se disputaient. La plupart des Grecs ne priaient pas leurs dieux pour qu'ils leur accordent un peu de bonté, de patience ou de compréhension. Ils les vénéraient, sans vraiment les craindre.

LES RELIGIONS À MYSTÈRE

Certains cultes, néanmoins, comme les *mystères* sacrés n'étaient accessibles qu'à quelques hommes, des adeptes qui avaient juré de ne rien dévoiler de leurs secrets, traitaient de questions liées au sens de la vie et à la mort. Parmi les plus populaires, les cultes de la déesse Déméter et de sa fille Perséphone se pratiquaient à Éleusis.

Ganymède était le fils du roi Tros. Zeus enleva le jeune garçon et en fit son échanson.

TEMPLES ET ORACLES

Les Grecs consacraient beaucoup de temps à satisfaire leurs dieux. Ils les vénéraient partout, bien qu'ils aient conféré à certains lieux, grottes ou sommets de montagne, un caractère particulièrement sacré. Ils avaient construit des monuments, les temples, entièrement dédiés aux cultes et considérés comme la demeure des dieux sur la terre.

À CHAQUE DIEU, SA MAISON

Partout dans le monde hellénique, les temples étaient construits selon les mêmes règles. La partie principale, la *cella*, constituait la chambre de la divinité où se trouvait la statue. Derrière la *cella*, une petite pièce abritait la vaisselle et les vêtements sacrés. Une rangée de colonnes bordait tout l'édifice. Devant l'entrée de la cella, s'élevait un autel en pierre autour duquel se pratiquaient les rituels, dont les sacrifices aux dieux. Un grand soin était apporté à l'architecture du bâtiment et à ses proportions. Ce souci était tel qu'à Athènes, les architectes du Parthénon renforcèrent le caractère grandiose de ce temple en accentuant les effets de la perspective. Les temples étaient richement décorés de frises sculptées et de statues, et peints de couleurs vives : il fallait que ces édifices soient visibles de loin.

Les colonnes de style ionique (en haut) ou dorique (en bas) servaient à soutenir le toit de la plupart de ces magnifiques temples édifiés par les Grecs.

Ici, un homme consulte la Pythie, la prêtresse du temple d'Apollon à Delphes. Ce n'est qu'après avoir inhalé des fumées sacrées, vraisemblablement issues de la fissure du rocher au-dessus de laquelle elle était assise, qu'elle entrait en transe et pouvait annoncer ses prophéties.

Sur cette tablette était inscrite cette question posée à un oracle : « Hermon demande quel dieu il doit prier pour que sa femme Kretia lui donne d'autres enfants serviables, en plus de ceux qu'il a déjà. »

PRÊTRES ET PRÊTRESSES

Prêtres et prêtresses étaient recrutés parmi le peuple qui se transmettait les charges de génération en génération au sein d'une même famille. Il n'existait pas d'ordre religieux particulier. Les prêtres assuraient les cultes et veillaient à l'entretien des temples et des lieux sacrés. Leur charge dépendait de la popularité du dieu : au sanctuaire d'Asclépios, voué à la guérison des malades, ils consacraient leur temps à organiser les visites de centaines de fidèles. Toutefois, les décisions importantes concernant les cultes se prenaient dans la cité dont dépendaient les sanctuaires, soit par l'intermédiaire des magistrats, soit directement à l'assemblée.

LES ORACLES

Les prêtres pratiquaient des sacrifices et accomplissaient de nombreux rituels pour contenter leurs dieux. Une autre de leurs fonctions était d'interpréter le sens des oracles, c'est-à-dire des prophéties divines. Les Grecs les consultaient en cas de problème difficile. Ils se rendaient surtout à Delphes, qu'ils considéraient comme le centre du monde, pour interroger le dieu Apollon par le biais de sa prêtresse, la Pythie. Celle-ci, toujours en transe à cause des fumées qu'exhalait la fissure du rocher au-dessus de laquelle elle était assise, donnait souvent des réponses très obscures.

Par extension, les prêtres qui rapportaient la parole des dieux furent également appelés oracles.

UNE PROPHÉTIE CÉLÈBRE

On connaît de Delphes quelques prophéties célèbres. Un jour que Crésus, le richissime souverain de Lydie, était venu demander s'il pouvait envahir la Perse, il reçut la réponse suivante : « Si tu le fais, tu détruiras un grand empire ». Malheureusement, Crésus avait oublié de demander de quel empire il s'agissait. Il envahit donc le territoire qu'il convoitait, essuya une défaite, et son propre empire fut ensuite détruit.

Pourtant, Crésus s'était efforcé par tous les moyens de savoir s'il pouvait accorder à l'oracle toute sa confiance. Dans ce but, il avait dépêché des messagers auprès de tous les oracles du monde grec pour qu'ils devinent ce qu'il ferait un jour donné. Ce jour venu, il coupa en morceaux une tortue et un agneau qu'il mit à cuire dans un chaudron de bronze. Seul l'oracle de Delphes avait pu dire ce qu'il ferait ce jour-là.

JETER LES DÉS OU ÉCOUTER LES FEUILLES DE CHÊNE

Pour prédire le futur, les oracles consultés par Crésus avaient employé toute une série de méthodes. Si quelqu'un désirait une simple réponse par oui ou par non, on se servait de dés ou on procédait à un tirage au sort. Pour consulter Apollon à Patara, en Lycie, il fallait scruter la surface d'une source. À Dodone, dans le nord de la Grèce, l'oracle avait été initié, disait-on, à reconnaître la voix de Zeus à travers le bruissement des feuilles de chêne. Un procédé de divination très répandu consistait à observer le comportement des oiseaux dont certains en particulier étaient associés à des dieux, telle la chouette à la déesse Athéna.

Certains Grecs dénonçaient ces pratiques superstitieuses. Dans une de ses pièces, *les Oiseaux*, Aristophane tourne ses concitoyens en dérision pour leur crédulité en matière d'oracles et de présages. Néanmoins, il n'était pas rare que le gouvernement d'une cité-État aille, de temps à autre, lui aussi, consulter les oracles.

On doit au sculpteur Phidias cette statue de Zeus, qui se trouvait dans le temple d'Olympie. Considérée comme l'une des Sept Merveilles du monde, elle mesurait 12 mètres de haut. Les parties du corps laissées nues étaient en ivoire.

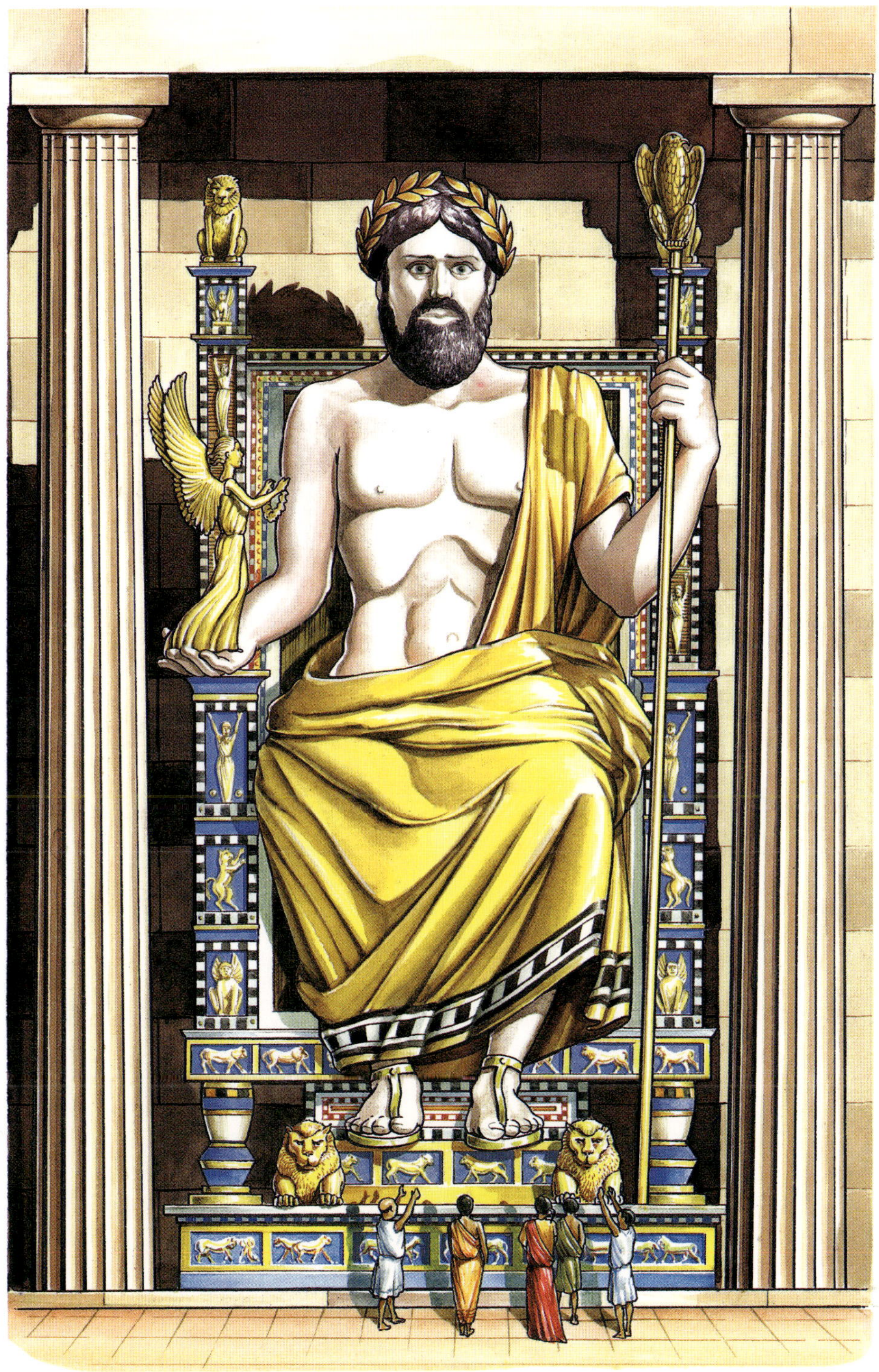

MORT ET FUNÉRAILLES

Un chien à trois têtes, appelé Cerbère, gardait l'entrée du monde souterrain. Il empêchait ainsi les vivants de venir y errer et l'âme des morts, de s'en échapper.

Les Grecs n'étaient pas particulièrement préoccupés par la mort mais s'employaient plutôt à vivre pleinement leur vie. Ils croyaient, cependant, à l'existence de l'âme, et accomplissaient pour cela de nombreux rituels destinés à préparer leurs défunts parents au voyage dans l'au-delà, un royaume souterrain qu'ils tenaient pour le lieu de repos éternel de tous les mortels.

L'ORGANISATION DES FUNÉRAILLES

Quand un Grec mourait, les femmes de la famille devaient laver son corps, le frotter d'essences parfumées et le revêtir de vêtements blancs, avant de l'exposer à la vue des parents et amis.

Le jour suivant, avant le lever du soleil, la procession funéraire accompagnait le corps au lieu où il devait être enterré, à l'extérieur de la ville. Seuls les parents proches étaient autorisés à prendre part aux funérailles auxquelles participaient également de vieilles femmes, véritables « pleureuses » professionnelles, qui se frappaient la poitrine et se lamentaient. Comme toutes les autres processions, les funérailles se déroulaient au son des instruments de musique.

DES ESPRITS VOLAGES

Les Grecs pensaient que l'âme d'un mort privé de tombe pouvait se perdre à jamais. Pour empêcher l'âme de vagabonder, trois poignées de terre devaient être jetées sur le corps. De la nourriture, de la boisson et des objets qui avaient appartenu au défunt étaient également disposés auprès de lui. On a retrouvé des tombes percées de tuyaux qui permettaient à la famille d'apporter, de temps en temps, des aliments. Après l'enterrement, la famille se réunissait pour le repas funéraire. Le deuil durait 30 jours.

À SPARTE

À Sparte, les funérailles se déroulaient plus simplement. Le corps n'était ni embaumé, ni exposé à la famille. Les funérailles se tenaient à l'intérieur de la ville, afin que les jeunes s'habituent à côtoyer la mort et ne soient pas effrayés à la vue d'un cadavre. Aucun objet n'accompagnait le mort dans sa tombe et le deuil durait seulement 11 jours.

LA TRAVERSÉE DU STYX

Après l'enterrement, l'âme du défunt était emmenée par le dieu Hermès jusqu'à l'une des frontières entre le monde des vivants et le monde des morts.

Le Styx, une rivière d'Arcadie était l'un de ces lieux. L'âme devait alors s'acquitter d'un droit de passage d'une pièce de monnaie, l'*obole*, pour obtenir l'autorisation d'être transportée de l'autre côté de la rivière dans la barque du passeur, Charon. La coutume voulait que la famille dépose l'obole dans la bouche du défunt avant son enterrement.

Dans une de ses comédies, *les Grenouilles*, Aristophane prend le Styx comme lieu de l'action. Un chœur de grenouilles se met à coasser au moment où le dieu Dionysos traverse la rivière. Celui-ci a pris l'apparence du héros Héraclès et fait semblant de se montrer courageux.

LE JUGEMENT

De l'autre côté de la rivière, le monde de l'au-delà était le royaume des ombres. La plupart des âmes errait sans but, excepté celles qui avaient été particulièrement bonnes pendant leur vie sur terre pour pouvoir prétendre aller aux champs Élysées, un lieu où régnaient paix et bonheur.

Les âmes qui avaient déplu aux dieux étaient envoyées dans le Tartare où elles se voyaient assigner des tâches impossibles et sans fin. Sisyphe devait pousser un rocher jusqu'au sommet d'une colline. Au moment d'y parvenir, le rocher dévalait la pente, obligeant Sisyphe à recommencer inlassablement sa peine. Tantale, un homme qui avait trahi les dieux, devait se tenir dans l'eau jusqu'à hauteur du cou, sans jamais pouvoir étancher sa soif : chaque fois qu'il se penchait pour avaler une gorgée, le niveau de l'eau baissait et devenait hors d'atteinte.

Hadès régnait sur ce triste royaume. Selon le mythe, il avait, autrefois, enlevé Perséphone, fille de la déesse Déméter. Après avoir plaidé sa cause auprès de Zeus, Déméter avait obtenu d'Hadès qu'il relâche la malheureuse. Mais, Perséphone avait avalé six graines de grenade, et se trouvait donc obligée de passer six mois par an dans le monde souterrain. Sa réapparition, chaque année, sur terre, apportait, croyait-on, le printemps : c'était une façon, pour les Grecs, d'expliquer le cycle des saisons.

Ces objets en terre cuite ont été trouvés dans la tombe d'une petite fille : une figurine assise sur un trône, une paire de petites bottes et un onos, utilisé pour carder la laine (la fileuse plaçait ce demi-cylindre d'argile sur le haut de sa jambe).

Cette scène représente une procession funéraire qui se dirige vers le lieu où le mort sera enterré, à l'extérieur de la ville. Les musiciens jouent pendant que se lamentent les pleureuses en se frappant la poitrine. Les parents portent des biens ayant appartenu au défunt ; ils les disposeront dans sa tombe avec les autres offrandes destinées aux dieux, comme de l'huile et des gâteaux au miel.

LA FLOTTE GRECQUE

Le bas-relief de cette pierre tombale représente un hoplite assis sur la proue d'une trière.

Cette mosaïque montre un petit vaisseau de guerre muni d'un éperon long et pointu prolongeant la proue. L'œil qui était peint sur la coque, était censé aider le bateau à trouver sa route.

La mer a toujours tenu un rôle considérable dans l'histoire de la Grèce. C'est pourquoi, les navires, moyen de transport essentiel, ont fait l'objet de recherches permanentes de la part des Grecs.

DES BATEAUX POUR LE COMMERCE ET POUR LA GUERRE

Les navires de commerce qui transportaient les marchandises étaient probablement spacieux mais assez lents. On les nommait navires à coque ronde parce qu'ils étaient larges et profonds. Ils naviguaient d'ordinaire à la voile. Les rames ne servaient qu'aux manœuvres de port ou, en mer, en l'absence de vent. Les bateaux de guerre, en revanche, étaient légers et étroits, ils avançaient à la rame.

DES MURS DE BOIS

Lorsque le chef athénien Thémistocle tenta de persuader ses concitoyens d'utiliser les profits provenant de la mine d'argent du Laurion pour édifier une flotte, il ne mesurait pas l'importance de sa décision pour l'histoire de la Grèce. Alors que les Perses menaçaient Athènes, l'oracle de Delphes s'était prononcé : les Athéniens devaient « faire confiance à leurs murs de bois ».

Les Athéniens prirent « les murs de bois » évoqués par la Pythie pour les parois de leurs navires, et non pour les fortifications de l'Acropole. Ayant mal interprété le conseil de l'oracle, ils ne purent qu'assister au spectacle de leur cité en flammes. Thémistocle persista et leur promit : « Aussi longtemps que nous armerons des navires, Athènes ne tombera pas sous le joug ennemi ». La bataille de Salamine, en 480 av. J.-C., prouva qu'il ne s'était pas trompé.

« Les Grecs étaient comme des pêcheurs
ayant fait une bonne prise
et les Perses comme des thons emprisonnés
par centaines dans leurs filets. Ils attaquaient
et frappaient l'ennemi à coup de rames brisées,
de fragments de bateau rescapés du naufrage,
de tout ce qui leur tombait sous la main.
La mer était emplie de cris et de plaintes.
Enfin, la nuit tomba et recouvrit
cet horrible spectacle.
Une semaine ne me suffirait pas à conter
ce que j'ai vu. Mais une chose est certaine :
jamais auparavant tant de milliers d'hommes
n'avaient vu la mort en un seul jour. »

Eschyle

UNE RUSE SUR LA MER

La bataille de Salamine en Attique, marqua dans l'histoire grecque une étape importante. Les Grecs avaient à se battre contre des adversaires trois fois plus nombreux. Leurs bateaux, au nombre de 380 contre 1 000 navires perses, étaient aussi plus lents. Néanmoins, Thémistocle mit sur pied une stratégie très habile grâce à laquelle il réussit à tromper les Perses. Il persuada les Grecs et leurs alliés de prendre position dans le détroit entre l'île de Salamine et le continent. Les assaillants pensaient que les Grecs tenteraient de s'échapper par une des extrémités du chenal ; ce qui les conduisit à diviser leurs forces pour contrôler les deux issues possibles, au nord et au sud. Quand leur flotte du nord s'avança là où l'attendaient les navires grecs, leur vitesse ne leur servit à rien. Une sanglante bataille s'ensuivit où les Perses essuyèrent une cuisante défaite. Voyant cela, le roi des Perses, Xerxès, donna l'ordre à la flotte du sud de battre en retraite. L'année suivante, deux autres victoires, celle de Platées, en Béotie, et celle de Mycale, en Asie Mineure, mirent définitivement fin aux invasions perses.

UNE TRIÈRE GRECQUE

1 Hoplite
2 Pont principal
3 Rameur
4 Côte en chêne
5 Amarre en chanvre
6 Lest en pierres
7 Quille en bois de cyprès

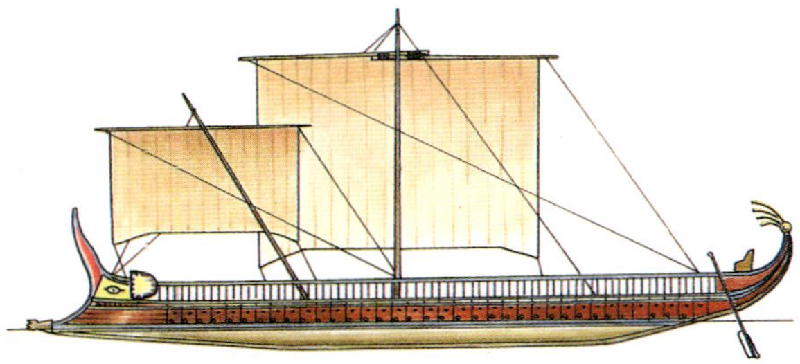

Une trière vue de profil

Un vaisseau conçu pour les batailles

Les navires de guerre, *tricontores* et *pentécontores*, étaient manœuvrés respectivement par 30 et 50 rameurs. Pour plus de puissance, un deuxième rang de rameurs leur avait été ajouté. Puis, par la suite, ces vaisseaux furent dotés d'un troisième rang : on les appelait « trières ». La trière pouvait contenir 200 hommes environ, dont 13 marins, 10 soldats, quelques officiers, et 170 rameurs, qui n'étaient pas des esclaves, mais des *thètes*, c'est-à-dire des gens pauvres, qui ne pouvaient pas payer le prix de l'armure indispensable pour entrer dans l'armée. Les proues des navires de guerre grecs étaient renforcées et pointues de manière à éperonner les vaisseaux ennemis. Le pont supérieur était divisé en deux plates-formes latérales à partir desquelles les soldats accostaient les bateaux de l'adversaire. Les recherches actuelles sur la construction et le fonctionnement de ces vaisseaux ont conduit à la reconstitution d'une trière en grandeur nature. Les essais de mise à l'eau qui se déroulèrent en mer Égée, s'avérèrent très concluants.

LA VIE DE SOLDAT

Se battre pour la défense de la cité était considéré comme un devoir pour chaque citoyen, la place occupée dans l'armée dépendait directement de la position sociale de chacun. Les hommes riches qui pouvaient se payer un cheval entraient dans la cavalerie. Ceux qui avaient une armure devenaient hoplites. Les gens les plus pauvres pouvaient servir dans l'infanterie légère comme archers ou frondeurs.

Le cavalier était équipé d'une épée et devait monter son cheval sans selle ni étriers. Il ne pouvait pas lutter contre un fantassin protégé d'un lourd armement et muni d'une lance.

LES HOPLITES

Les hoplites constituaient la clé de voûte des forces offensives grecques. Leurs armes, les *hopla*, se composaient d'une lance, d'une courte épée, d'un casque muni d'un cimier à l'apparence redoutable, et d'un lourd bouclier circulaire. Les hoplites combattaient dans des *phalanges*, des unités formées de plusieurs lignes d'hommes, présentant à l'adversaire une muraille de boucliers, bien serrés les uns contre les autres, hérissée de lances. Leur tactique principale consistait surtout à ne pas briser leur ligne de front. Cela exigeait une grande discipline, fruit d'un entraînement intensif. Le côté de la phalange qui ne parvenait pas à garder intacte sa ligne de front essuyait, généralement, de lourdes pertes, tandis que les autres hoplites pouvaient s'échapper rapidement. Cette stratégie voulait que chaque homme compte sur le courage de ses compagnons. La phalange, ainsi que nombre d'institutions de la cité, requérait un sens de la collectivité et de la discipline très développé.

Ce bas-relief montre la déesse Athéna pleurant les soldats athéniens tués au combat.

UNE VICTOIRE INATTENDUE

La stratégie militaire hoplite fut testée pour la première fois lors de la bataille de Marathon, en 490 av. J.-C., alors que les Grecs avaient à faire face à une invasion perse. L'armée athénienne en sortit victorieuse, ce qui confirma la valeur de cette nouvelle organisation militaire. De nombreux auteurs grecs célébrèrent cette victoire. L'historien Hérodote décrivit l'armée grecque chargeant pour la première fois d'un seul élan.

UNE VICTOIRE DANS LA DÉFAITE

La défaite des Spartiates aux Thermopyles (480 av. J.-C.) face aux troupes perses compta autant que la victoire des Athéniens à Marathon. Après avoir repoussé, selon leur brillante tactique, des attaques successives ennemies, les troupes spartiates furent mises en déroute par des adversaires très supérieurs en nombre. Leur stratégie, plus individuelle que celle de la phalange athénienne, consistait à faire semblant de battre en retraite pour mieux faire face soudainement à l'ennemi. Toutefois, cette défaite permit de renforcer leur réputation de guerriers redoutables.

GRECS CONTRE GRECS

Ces actes de bravoure ne purent toutefois empêcher l'affrontement entre les armées athénienne et spartiate, lors de la guerre du Péloponnèse (431-404 av. J.-C.). Les Athéniens disposaient d'une force navale plus importante que les Spartiates, mais leur armée était plus faible. Athènes dut d'abord subir une série de revers dont une épidémie, qui survint en 430 av. J.-C. et fit périr un quart de la population de la cité. Elle fut définitivement vaincue en 404 av. J.-C., après que Sparte se constitua une flotte grâce à l'argent donné par la Perse.

Des guerres entre diverses cités-États commencèrent à éclater ici et là, affaiblissant chaque jour davantage les ressources en hommes et en matériel. Cependant, les Grecs ignoraient encore qu'une nouvelle puissance allait les menacer.

Les Spartiates, au nombre de 300, restèrent maîtres du défilé des Thermopyles pendant 2 jours. Mais, réduits à combattre avec des épées cassées et souvent à main nue, ils subirent une terrible défaite.

DES MERVEILLES VENUES DE MACÉDOINE

Alors que la phalange avait contribué à l'apogée de la Grèce, son éclipse en préparait le déclin. Une armée inconnue s'entraînait dans le nord, en Macédoine. Son infanterie était dotée de lances de 5 mètres de long, conçues pour détruire la muraille des boucliers grecs avant même que les lances des hoplites ne les atteignent. Le règne du roi Philippe de Macédoine puis de son fils Alexandre allait marquer la fin de la grandeur de la Grèce.

LA GRÈCE APRÈS LES GRECS

Cette mosaïque, trouvée dans les ruines de Pompéï, montre Alexandre le Grand tenant les rênes de son célèbre cheval, Bucéphale, lors de la bataille d'Issos, en 333 av. J.-C.

Au IVe siècle av. J.-C., la Grèce perdit son indépendance politique au profit de la Macédoine. Cependant, le rayonnement de la culture hellénique avait à peine commencé. Au moment de son déclin politique, la Grèce allait accroître son influence en Europe et au Moyen-Orient comme jamais elle ne l'avait fait du temps de son apogée.

ALEXANDRE LE GRAND

Venu d'une province du nord de l'Hellade, Alexandre de Macédoine avait été nourri, dès son enfance, de la gloire passée des héros grecs. Onze années, de 336 à 323 av. J.-C., lui suffirent pour conquérir presque tous les territoires alors connus des Grecs et propager la culture et la langue grecques jusqu'aux frontières de l'Inde. Partout sur son passage il laissa son empreinte : il fit bâtir des villes prestigieuses auxquelles il donna son nom telles Alexandrie, en Égypte. Il se fit également construire, à plus de 2 500 kilomètres de Delphes, un temple et un gymnase dont les inscriptions furent tirées des œuvres des plus grands philosophes.

À la mort d'Alexandre, à l'âge de 33 ans, ses successeurs ne surent pas maintenir l'unité de l'empire, extrêmement étendu. Ils divisèrent le territoire en plusieurs royaumes, tous très influencés par les idées grecques.

ROME

Rome ne commença à asseoir son pouvoir en Méditerranée que deux siècles environ après le règne d'Alexandre. La Grèce, conquise politiquement et intégrée à l'Empire romain, continua, néanmoins, à avoir une influence sur le plan culturel. La sculpture, la peinture et la littérature romaines en sont autant de témoignages : le plus célèbre poème épique écrit en latin, *l'Énéide*, de Virgile, raconte l'histoire d'un héros, Énée, fuyant le sac de Troie, comme le héros d'Homère, Ulysse.

De même, dans les tout premiers siècles de notre ère, alors que l'Empire romain était progressivement gagné par la religion chrétienne, c'est en grec, déjà langue officielle de tout le Moyen-Orient, que l'on rédigea une partie du Nouveau Testament. L'art chrétien a également puisé beaucoup de son inspiration dans l'imagerie grecque.

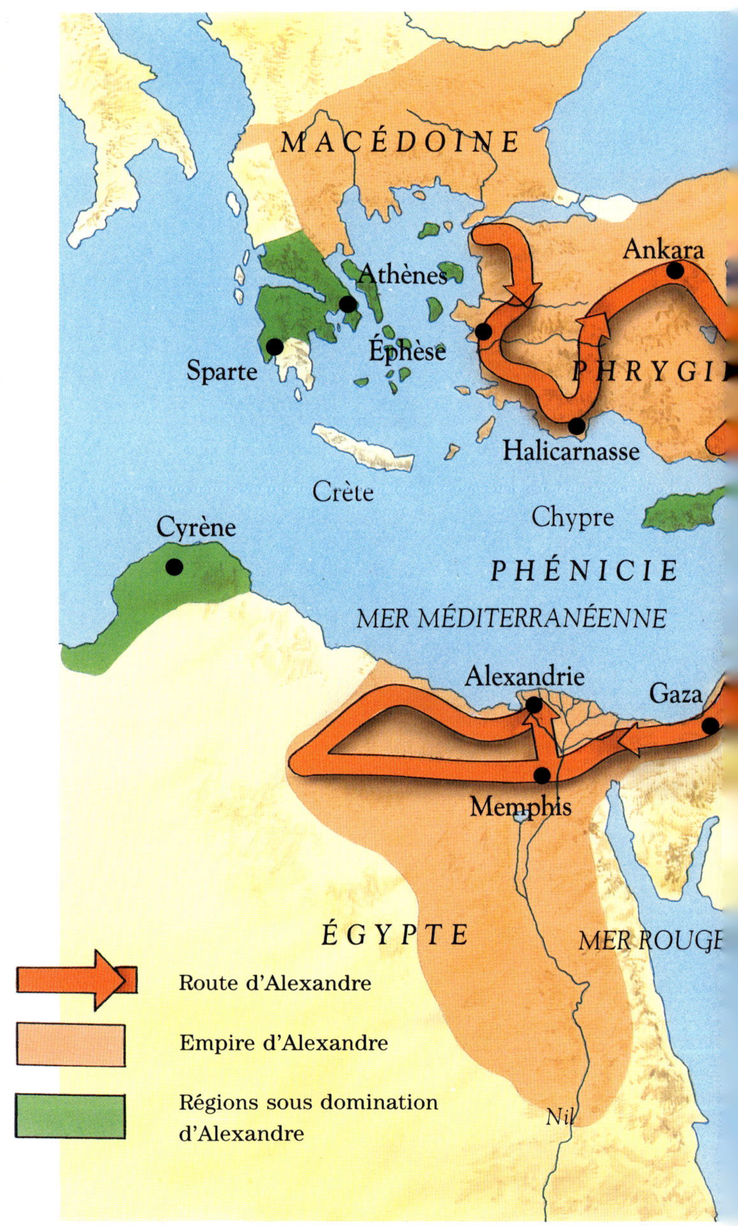

Alexandre le Grand conquit un empire allant de la Grèce jusqu'à l'Inde, et prit Babylone pour capitale. Son armée, très bien entraînée, ayant vaincu l'armée perse, mit définitivement fin au règne de son roi, Darius III.

BYZANCE

Au IVe siècle ap. J.-C., lorsque le christianisme devint religion officielle de l'Empire romain, l'empereur Constantin fut obligé de transférer la capitale : la nouvelle ville prit le nom de Constantinople (« la ville de Constantin »). Elle s'installa sur le site d'une ancienne colonie grecque nommée Byzance. Elle s'appelle aujourd'hui Istanbul.

À la chute de l'Empire romain d'Occident, c'est l'Empire romain d'Orient, dit aussi Empire byzantin, qui prit la relève. Cet empire perdit petit à petit ses territoires jusqu'à être réduit à la capitale elle-même et à quelques villes de Grèce. Constantinople tomba aux mains des Turcs en 1453. Beaucoup de lettrés grecs, fuyant alors dans toute l'Europe, contribuèrent à la redécouverte des idées classiques, début de la Renaissance.

ÉCHOS DU PASSÉ

La Grèce d'aujourd'hui recèle et cultive de nombreuses traces de son passé. Pour preuve, cette version de l'histoire de Jason et des Argonautes écrite par le poète grec contemporain, Yiorgos Séféris qui a cherché à montrer combien la fascination exercée autrefois par la mer est restée intacte aujourd'hui.

« Au coucher du soleil, les rames frappaient
l'or de la mer. Nous avons rencontré
bien des caps et bien des îles, une mer,
une autre puis encore une autre,
des mouettes et des phoques. Mais,
nos voyages étaient sans fin. »

Yiorgos Séféris

L'art chrétien de Byzance a emprunté aux Grecs son style et ses techniques.

DATES CLÉS ET GLOSSAIRE

Cultures grecques primitives : 3000-800 av. J.-C.

3000-1450 La civilisation minoenne découvre le bronze en combinant cuivre et étain. C'est le début de l'âge du bronze. À la même époque, d'autres civilisations découvrent également ce métal.

vers 2000 Les Minoens commencent à écrire avec des pictogrammes.

1900-1400 Les Minoens construisent le palais de Cnossos, centre du pouvoir en Crète.

1450 L'éruption volcanique sur l'île de Santorin (Thera), provoque la destruction de la civilisation minoenne. Les Mycéniens, originaires de la Grèce continentale, prennent la relève de Cnossos.

vers 1400 Les Mycéniens asseoient leur puissance.

1250 Siège de Troie par les rois mycéniens. Lent déclin du pouvoir de Mycènes.

1100-800 Les « Âges Sombres »

L'époque archaïque : 800-500 av. J.-C. environ

800 Les Grecs développent une forme d'écriture plus avancée. C'est sûrement à cette époque qu'Homère écrit ses poèmes épiques, *l'Iliade* et *l'Odyssée.*

776 Premiers jeux Olympiques

509 Premier gouvernement démocratique à Athènes

490 Les Perses essaient d'envahir la Grèce ; ils sont vaincus à la bataille de Marathon.

480 La bataille navale de Salamine, une île proche d'Athènes, consacre la défaite de la flotte perse.

479 Lors de la bataille de Platées, les Grecs mettent les Perses définitivement en déroute. Au même moment, la flotte perse est détruite à Mycale, en Asie Mineure, ce qui mettra fin aux invasions perses.

L'époque classique : 500-336 av. J.-C.

443-429 Sous l'influence de Périclès, la cité d'Athènes atteint son apogée.

431-404 La guerre du Péloponnèse entre les cités de Sparte et d'Athènes, est remportée par les Spartiates.

387 Platon fonde une école philosophique à Athènes et commence à écrire ses grandes œuvres.

354 Naissance de l'historien Xénophon

L'époque hellénistique : 336-146 av. J.-C.

336 Alexandre le Grand devient roi de Macédoine et commence une campagne contre les Perses qui durera onze années.

336-330 Les grandes conquêtes d'Alexandre fondent le monde hellénistique. L'influence de la

Voici retracés trois épisodes de l'Odyssée, *l'une des épopées les plus célèbres de la Grèce antique. On peut voir, à gauche, Ulysse et son équipage aveugler le cyclope Polyphème, l'ogre à un œil, pour s'échapper de ses griffes. Au centre, Ulysse, lui-même protégé par un sortilège, oblige la fée Circé à défaire le sort qui a transformé en porcs les membres de son équipage.*

Grèce perdurera longtemps après la mort du roi macédonien.

333 Bataille d'Issos : Alexandre envahit et soumet la Perse.

332 Conquête de l'Égypte et fondation d'Alexandrie

331 Défaite des Perses à la bataille de Gaugamèles. Alexandre devient roi de Perse.

323 Mort d'Alexandre le Grand

323-322 Guerre lamiaque entre les Grecs et les Macédoniens qui consacre la défaite grecque. La Grèce est gouvernée par la Macédoine.

168 La Macédoine est vaincue par les Romains et placée, avec la Grèce, sous administration romaine.

146 La Grèce est intégrée à l'Empire romain.

Glossaire

Agora : Grande place d'une cité grecque servant aux marchés et aux réunions publiques

Amphore : Cruche à deux anses, utilisée pour la conservation et le stockage d'aliments solides ou liquides tels que le vin, l'eau ou l'huile

Andron : Aile d'une maison grecque réservée aux hommes et où se tenaient les banquets.

Assemblée : Organe principal du gouvernement d'une démocratie en Grèce. Tous les citoyens étaient tenus d'y assister.

Boulé : Conseil qui rédigeait les lois votées par l'assemblée à Athènes. Il préparait aussi les ordres du jour des réunions. Il se constituait de 500 hommes désignés par tirage au sort ; chacune des 10 tribus d'Athènes en fournissait 50.

Citoyen : Adulte de sexe masculin, membre d'une cité-État dont il était natif.

Démocratie : État ou pays gouverné par son peuple. Les cités grecques étaient suffisamment petites pour permettre à tous ses citoyens d'assister à l'assemblée.

Gynécée : Aile de la maison réservée aux femmes

Hétaïre : Courtisane qui devait distraire les invités par ses chants, ses danses ou ses conversations.

Hilote : À Sparte, personne dont la situation ressemblait à celle d'un esclave. Les hilotes, maintenus dans un état de soumission par les citoyens de Sparte, cultivaient la terre et étaient très nombreux.

Hoplite : Fantassin à pied à l'armement très lourd

Ostracisme : Système qui permettait de voter contre un des membres de l'assemblée. À Athènes, si 6 000 noms au moins étaient recueillis, la personne était exilée de la cité pendant 10 ans.

Phalange : Unité d'hommes qui formait une muraille de boucliers et une haie hérissée de lances presque invincible contre les attaquants

Polis : Cité-État grecque qui possédait son propre gouvernement.

Prytanie : Comité exécutif de la *boulé* ou conseil composé de 50 hommes appartenant à chacune des 10 tribus athéniennes

Tholos : Monument rond situé près de l'agora où se réunissaient les prytanes.

Trière : Bateau de guerre que les Grecs renforcèrent en ajoutant deux rangs supplémentaires de rameurs. Elle nécessitait 170 rameurs et transportait au total 200 hommes.

Ci-dessous, Ulysse entend le chant lancinant des sirènes, destiné à ensorceler les mortels et les tromper pour les perdre. Ayant prémuni son équipage en lui donnant de la cire d'abeille à mettre dans les oreilles, le héros lui-même est attaché au mât de son bateau de sorte qu'il ne peut faire aucun mouvement ni donner aucun ordre même quand il entend chanter les sirènes. Son équipage rame en direction de leur repaire.

INDEX

Les numéros de page en italique font référence aux légendes

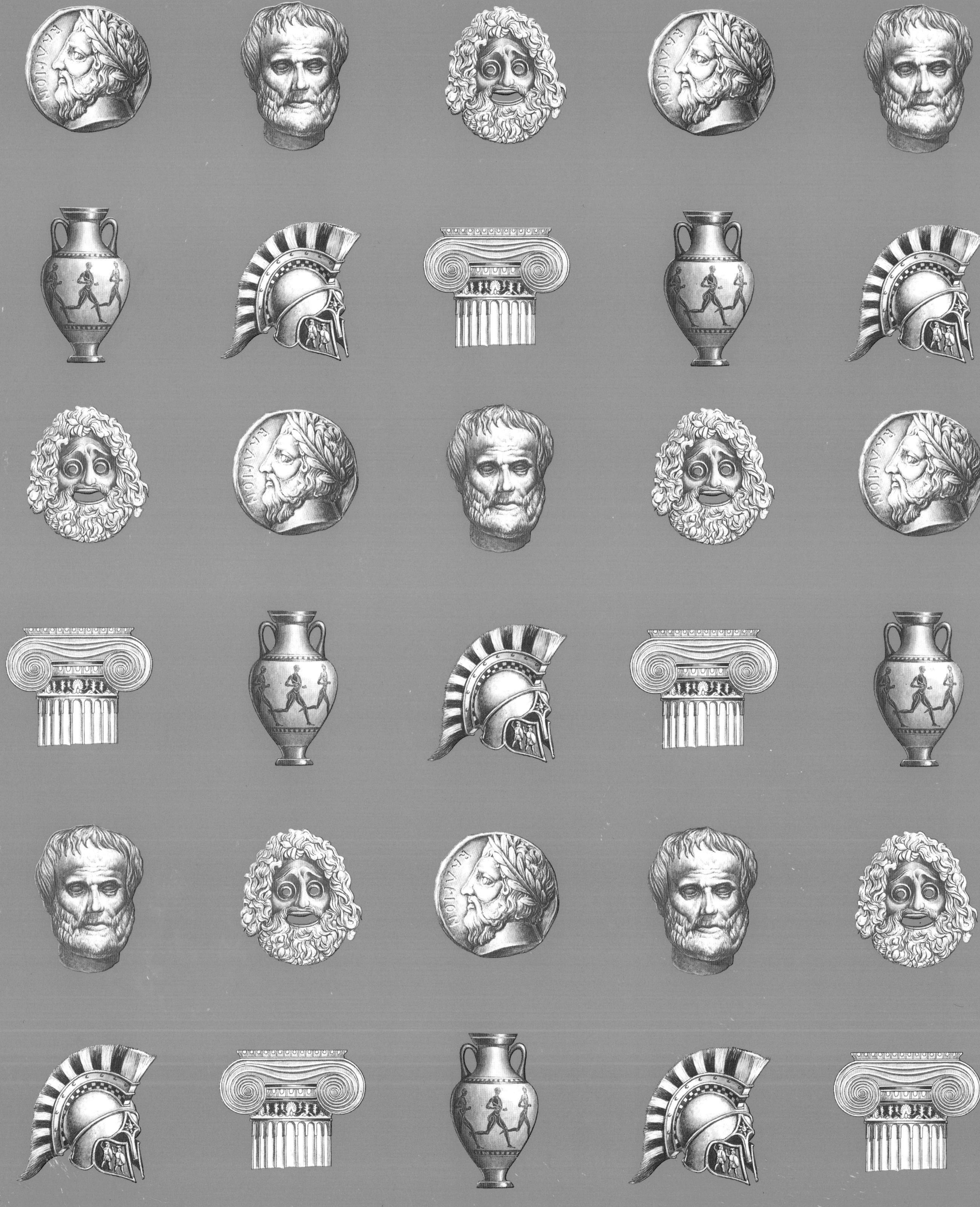